マイホーム

自分に素直に暮らしをつくる

toolbox

はじめに

身に着けている洋服や靴、スマホやカバンなど、これらはすべて自分で選んで手に入れている。では、素足で触れる自宅のフローリングや部屋を覆っている壁紙は、自ら選択したものだろうか。

自分の家なのに、どこか他人任せにつくられてしまう日本の住宅への疑問からtoolboxは生まれた。もっと住み手が主導権を握る家づくりを広めることができたら、暮らしはもっと楽しく豊かになるはずだという信念が、僕らの活動を突き動かしている。

この本の企画が持ち上がったとき、家に人柄が滲み出ているような、まさに住み手主導を体現している家を紹介したいと考えた。結果、11組の個性豊かな住み手が、暮らしぶりだけでなく、欲求の根源になっている私的な価値観まで語ってくれた。彼らの言葉は、僕らが目指すべき家づくりのあり方を指し示してくれるものだった。

2010年に始まったtoolboxは、世の中に数多ある内装建材やパーツ、住宅設備のなかから、特徴を持った魅力あるものだけを集めて販売しているウェブサイトである。素材の理解や施工の専門性が必要な商品だが、一つひとつに僕たちなりの感性で解説を加え、誰もが選びとれるよう心掛けてきた。いまではお客様から家の写真が毎日のように届くようになり、住み手主導の家づくりの広がりを感じている。

toolboxの活動をしていると、時々「特殊な家」の情報が入ってくる。雑誌に出てくるおしゃれな家とも違うし、誰もが憧れる家とも言いがたい。けれども住人はそんなことおかまいなし。完成した部屋の中で暮らす様子は誇らしげですらある。彼らの家を見ていると、その人に合った家のかたちというのはじつに様々で、住まいは本来自由であることに気付かされる。今回、取材先として声をかけたのは、そんな「特殊な家」の住人たちである。

取材を進めていくと、一見風変わりに見えるそれらの家も、必然の結果として生まれていることがわかった。世間の常識や他人からの評価は関係ない。住人の内側から自然と湧き出る生活への欲求や意志に素直であろうとした結果が、家として表れているのだ。彼らにとっての「家」は、生き方そのものを投影した映し鏡のようである。

この本に登場する住人たちは、家づくりが始まる随分と前から自分の家と向き合ってきた人が多い。しかし彼らが語ってくれたことは、家づくりに長けた人に限った話ではなく、これから家について考えたいすべての人に、「自分らしい家をつくる」ためのヒントを与えてくれる。

あなたはどんな家に住みたいだろうか。身に着けている服や靴と同じように、家にも自分らしさが表れるとするなら、既成概念にとらわれる必要はない。自分の内なる欲求に素直に向き合い、自由に妄想するところから始めてみてほしい。この本が、あなたの想像力のリミッターを外し、「マイホーム」がもたらす暮らしの可能性を大いに広げる一助となることを期待している。

toolbox代表　荒川公良

Contents

マイホームに暮らす

自由に生きるための家を探しに

2020年以降のマイホームと、toolboxが描く未来の家。

馬場正尊

toolboxショールームの風景から

目白にあるtoolboxのショールームには、自分の空間をつくろうと思っている人々が日々、訪れる。

ところ狭しと並べられた家の断片、様々な大きさや種類のパーツのあいだを、まだ見ぬ家や暮らしの風景を妄想しながら歩き回る。

小さなトグルスイッチを前にして、カチカチと手で持って遊び続ける人がいる。大きなキッチン天板を取り囲み、ああでもないこうでもないと2人の位置取りを確認するカップルもいる。toolboxのショールームは、家を妄想するための散歩道のようなものだ。ショールームにいるスタッフはその良き伴走者で、特別何かを勧めるわけでもなく、妄想を具体化するためのちょっとした手助けをしている感覚。様々なパーツに手をふれているうちに、最初はぼんやりとしていた未来の家のイメージの解像度が少しずつ上がってゆく。そのプロセスを見守っているのはとても楽しいらしい。

およそ100年前、20世紀の巨匠建築家、ル・コルビュジエは「家は住むための機械である」という言葉で機能主義時代の家の姿を予想した。その後、家はすっかり便利になり、例えばシステムキッチンひとつとっても、その機能は洗練された装置のように整っている。コルビュジエの夢は、すでに現実として極められた。

いっぽう、toolboxでもっとも人気のある商品のひとつが、シンプルなオーダーキッチン天板だ。機械からは程遠い、素朴でぶっきらぼうなステンレスの板。脚すら付いていない。しかしそれを囲んで、人々は盛り上がる。誰がどこに立ち、大きさ、高さはどれぐらいにしようか、足元の素材は何がいいか、すでに持っている鍋や皿と相性が良いか……。その風景が、すごく幸せそうなのだ。この手のやりとりは、機械のように完璧なシステムキッチンの前ではおそらく発生しない。そういえば、toolboxのショールームは、どこか不完全で、でもどこかしら妙に力の入った、ツッコミどころ満載のパーツたちで溢れている。

お客さんはまるでそれらと対話をするようにこの場所を楽しんでくれている。

「開放系」の家づくりへ

ショールームでのやりとりを通じて、いま人々が家に求めることが、改めて浮かび上がってくるようだ。家のあり方が、機械のようにブラックボックスの閉じた箱から、個々の人間がより深く関与できる開放系の何かへと大きく変わろうとしている、そんな気づきを得る。そんな時代のtoolboxの役割は、誰もがそれを実現できる可能性を拡張することかもしれない。2013年に出版したtoolboxのコンセプトブック（『toolbox　家を編集するために』、CCCメディアハウス）の序論に、僕はこのような文章を寄せている。

今後、住まいの編集権はつくり手から、住み手へと移行していくのではないか。（中略）何に囲まれ、どんな空間のなかで自分の時間を過ごすのか。そして、それがどれほど大切なことなのか、私たちは気が付いてしまった。

自分の読みたい本を、見たい映画を、自ら選択するように、『toolbox』を通じて住む空間や時間を編集する自由を、私たちはつくり続けたい。（抜粋）

この時のキーワードは「編集」だった。イチからつくることはできなくても、与えられた空間に従属的に住むことから解放され、自分の暮らしを構成する風景を自分で編集する、それを普通のことにしたかった。

toolboxを始めてから10年。その考え方はずいぶん定着してきた実感がある。toolboxを通じて、住むことへの感受性や、生活を編集することへのニーズの高まりをリアルに感じることができている。

toolboxにとって2冊目となるこの本を制作しようと思ったきっかけについて、改めて考えてみる。この本では、自分たちの商品を紹介するわけでもなく、はたまた家づくりのノウハウを解き明かすわけでもない。ただ、未来の家の姿を探求したいと思う。

いつの時代も、人間は環境や欲望に対し素直に家をつくってきた。大地を旅する遊牧民の家は持ち運べるパオだし、雨季に陸地が沈む水上生活者の家は船のように水に浮く。『方丈記』の家はわずか四畳半といわれ、ゆく川の流れに身を任せ、すべてを捨て美しく生きるためにあったが、現代では高層ビルから資本を生み出す都市を眼下に見たいという欲望もある。そのどれもが家であり、環境と欲望が生み出したものだ。

では、これからの私たちはどんな家に住みたいのか。toolboxはそれを知りたいし、そのために必要な方法、情報、部材、ツールをつくりたい。

東京R不動産から誕生したtoolbox

都市の中に密かに眠る、風変わりで味のある物件ばかりを集めた不動産サイト、「東京R不動産」（以下、R不動産）を始めたのは2003年のこと。初期のR不動産に並んでいた物件は、機械がまだ残っているボイラー室とか、大正時代に建てられた接道のない木造民家とか、ビルの屋上に乗っかっている小屋とか、そんなものばかりだった。普通の不動産屋からは見向きもされないクレイジーなボロ屋だけれど、ある特定の指向性や目的を持った人間から見ればお宝のようなたまらない物件。まるで都市の中で異形の生き物を見つけるハンターのような感覚で物件を探した。

R不動産の初期メンバーはほぼ全員、典型的なサラリーマン家庭に生まれ、マイホームで育っているが、ごく普通の生ぬるい常識のなかで生きていることに居心地の悪さも感じていた。そこから逸脱したいという気持ちが、このサイトを立ち上げた原動力だったのかもしれない。

R不動産が少しずつ成長するのに並行して、中古物件のリノベーションが市民権を得ていった。R不動産にはちょっと風変わりなお客さんがやってきて、想像もしなかったような使い方を編み出してくれたりもした。住むことの選択肢を広げることができたのが何よりうれしかった。

toolboxができたのは、そんなお客さんたちからの自然な要望からだった。せっかくR不動産で物件を借りたり購入したのだから、自分たちの手でデザインしたり改造したい。しかし全部セルフビルドするのはハードルが高いし、デザイナーに依頼するには大げさ過ぎるし、予算も限られている。こんな相談を数多く受けるようになっていた。与えられた空間ではなく、自分の空間を自ら編集したい人々の期待に応えよう。それがtoolboxをつくるきっかけとなった。

住むことの編集権を取り戻すために

toolboxに集められているプロダクトの共通点は、率直であるということ。世の中に商品カタログは膨大に存在しているけれど、本当に欲しいと思えるものは少ない。無駄は削ぎ落とされスッキリしているけれど、素材の質感があり、長さや高さを住まいに合わせてカスタマイズできるもの。自分たちが素直に欲しいと思えるものを探し、時にはつくり、それらを並べた。

初期には選択肢の幅を示すために、これまでは欠陥と見なされていたような特徴を持ったものも積極的に取り入れた。裸足ではトゲが刺さるかもしれない床材、錆びが出るかもしれない棚受けやテーブルの脚など。その遊び心をお客さんも楽しんでくれ、新たなアイデアにつながることも多かった。

驚いたのは、もっとも人気が出たのがフローリングやシンプルなキッチンだったこと。確かに、住宅の中で大きな存在感を占めるにもかかわらず、それらを入手するには工務店などプロを通すのが一般的で、エンドユーザーが直接購入するルートがほとんどなかったことに改めて気づかされた。本体価格に工務店の取り分が上乗せされ、それが適正なのかどうか曖昧になる日本独特のシステム。そのシステムが安全性や品質を担保している面もあるけれど、そのブラックボックスを解体し、編集権を住み手側に委譲したいという気持ちがあった。

夢のマイホーム

なぜこの本のタイトルを「マイホーム」にしたのか。そこには複雑な思いがある。

東京・目白にあるtoolboxのショールーム。　Photo : Masanori Kaneshita

まず、この言葉にはなんとも言えない懐かしい響きがある。そこには、家が生活や家族の拠り所である、という核家族時代の常識が横たわっている。それが僕らを安心させる。でも同時に、それが僕らの暮らしの自由を束縛していたかもしれない、ということに最近気がついた。

この本をきっかけに、この魅惑的な「マイホーム」という言葉の意味を再定義したいと思う。じつは、マイホームという表現は英語にはない。それはれっきとした和製英語、すなわち造語である。英語では故郷のことを「My Home Town」と呼び、それにはどこか自分が帰って行く場所という響きがある。「マイホーム」という単語は、その空気を帯びさせたまま街を家に置き換えた、恐ろしく周到なコピーである。

この単語が世の中に姿を現したのは1956年。「もはや『戦後』ではない」という有名なフレーズが経済白書に書かれた、そんな頃だった。ほぼ時を同じくして生まれた長期の住宅ローンの仕組みとともに、マイホームは長期安定的に労働に固定することのできる、シンプルで画期的な仕掛けとなった。金融政策であると同時に労働政策でもあったのだ。

家を所有するという、少し前までは一部の特権階級に限られていた行為が、自分にもできるかもしれないという可能性。それは庶民の所有欲を喚起する魔力を持っていた。人々は家とセットに、その中に収まる家電、車など、あらゆるものを所有したくなっていく。

その時代、マイホームを所有することには、何かシンプルな目的に向かって走る共同幻想の快感があったのではないかと想像できる。いっぽうで、どんな街でどんな暮らしがしたいか、ということよりも、「夢のマイホーム」を所有するという事実を手に入れるためにやっきになった面もあったのではないか。結果、購入しやすいようパッケージ化された家が大量生産され、それが日本の住宅地の風景を形成していった。好むと好まざるとにかかわらず、それが僕らの原風景であり、「マイホームタウン」でもある。

マイホーム幻想の崩壊

1990年前後のバブル経済とともに住宅の価格は過度に高騰し、都心から1時間以上離れても、普通のサラリーマンがそれを手に入れることが現実的ではなくなった頃から、人々はマイホームの幻想から徐々に覚め始めたように思う。

ちょうどその頃、僕自身も大学を出て社会人になり、家族と住む郊外の家から毎日1時間半かけての通勤が始まっていた。混雑した電車と、くたくたに疲れた生活のなかで、自分がちゃんとしたマイホームを持つイメージはどんどん失われていった。なぜ長い時間をかけて通勤しなければならないのか。なぜひとつの場所に縛り付けられなければならないのか。一度、疑問を持ち始めると、いままでなんとなく信じていた既存の価値観すべてが疑わしく思えてくる。

人間の生々しい内面や欲望がそのまま露出したような住空間を写し出した、都築響一の『TOKYO STYLE』（京都書院、1993年）が出版されたのは、マイホーム幻想が崩壊し始めた、まさにそのタイミングだった。狭いワンルームの室内に、床から天井までレコードやCDがうずたかく積まれた部屋、ファンシーなぬいぐるみに埋め尽くされた部屋など、偏りはありながらも好きなものに囲まれ居心地よく暮らす人々の姿がそこにはあった。画一的に見える居住空間の奥底に一歩足を踏み入れてみれば、やはり人間は率直で多様な生き物であったということが暴かれていた。

バブル崩壊から現代までの期間は「失われた30年」と呼ばれることもある。たしかに経済的に見れば憂鬱な日々だったかもしれない。ただ、個々人の自由度は高くなっていったのではないか。ステレオタイプな価値観から逸脱し、合理性の先にある欲求に素直に向かっていくことが許容され、支持され始めるスタートだったとも言える。例えば「オタク」のように、当初はどこか差別的なニュアンスを含んでいた言葉も、いまではある分野に特化した知識や能力のある人間に対する敬意を込めた言葉として市民権を得ている。『TOKYO STYLE』でとらえられたような、小さなアパートの中で営まれていた価値観が、いまでは都市化し始めている。同時に、個人の内的な趣味が存分に表現された世界観への理解や共感が広がりつつある。

人々の志向は様々で、誰しもが内なる変態性を抱えているものだ。均質で平均的な世界のなかで暮らす必然性なんてなくて、もっと欲望や本能に素直に暮らしたっていい。家は人間を社会に縛り付けるものではなく、個人の生き方や自由を表現するもの。時代は改めてそれに気がつき始めた。

マイホームの未来

次の時代、私たちはどのような家に住むのだろうか。toolboxは、新しい「マイホーム」のあり方を追求する人々をサポートする伴走者でありたいと思っている。この本ではその具体的なイメージをつかむために、取材に出かけた。

取材を振り返ってみると、通奏低音のようなものが流れていることに気がつく。それは住むことに対する自由を希求した結果、自然にたどり着いた風景であること。いままでの常識から見ればちょっとちぐはぐだったり、特定の方向に振り切れてしまっていたり、著しい不自由が伴っていたりするけれど、それを楽しんでしまっていること。自由意志による選択の集積で成り立っていること。だからどの住まいも押し付けがましさがなく、すがすがしい。

私たちは一度、マイホームの呪縛から解き放たれた。私たちの家はどこまでも自由のなかにある。

そんな時代のなかで、toolboxやR不動産はどのように家と付き合っていくのか。基本スタンスは変わらない。いままでも、そしてこれからも、

誰かの住むことの選択肢を、

住むことの可能性を、

住むことの自由を、

拡張していくことに協力したい。

そして、一人ひとりが自分にフィットした「マイホーム」を追求するプロセスを、ともに楽しみたいと思っている。

マイホームに
暮らす

自分に素直につくった家に住む、8つの家族。
どんな欲望が、その家をつくり上げたのか。
家というものに、何を求めているのか。
これからのマイホームのあり方を問いかける、
住み手たちの暮らしを訪ねました。

Case 1

自給自足な家

時間と労力を、
本当にやりたいことのためだけに使う
贅沢な「仕事」。

Introduction

沼津市は西浦地区の海岸沿いにある、廃墟同然となっていた海の家を借りて、住みながら自分たちの手で改装し、暮らすための環境をつくり続けている舛本佳奈子さん・弘毅さんご夫妻。

取材に伺ったのは、改装を始めてから丸1年が経った頃。2階はほぼ手付かず、1階の一部も廃材で埋め尽くされているような状態で、まだまだ家づくり半ばといった様子。

日々、家の改装に励む傍ら、家の向かいの駐車場スペースで、古いバスを改装したチルアウトスペース（過ごし処「The Old Bus」）を営業しながら暮らしています。

左／海の家時代からの残置物である廃材たち。建物全体の3分の2は、まだこの状態。家づくりの材料や薪として活用している。　右／もともとは横浜でバーとして営業していた、動かないバス。前オーナーから引継ぎ、沼津まで約100kmに及ぶ大移動をさせた。

廃業して10年以上経つという元海の家は、長いあいだ廃墟同然だった。そのため、破格の賃料で借りている。

> Data

家族構成 | 夫婦+犬(うしいろ)+烏骨鶏(タメぴー&シナぴー)
所在地 | 静岡県沼津市
竣工年 | 不明
改修年 | 2018年
延床面積 | 276㎡
敷地面積 | 419㎡

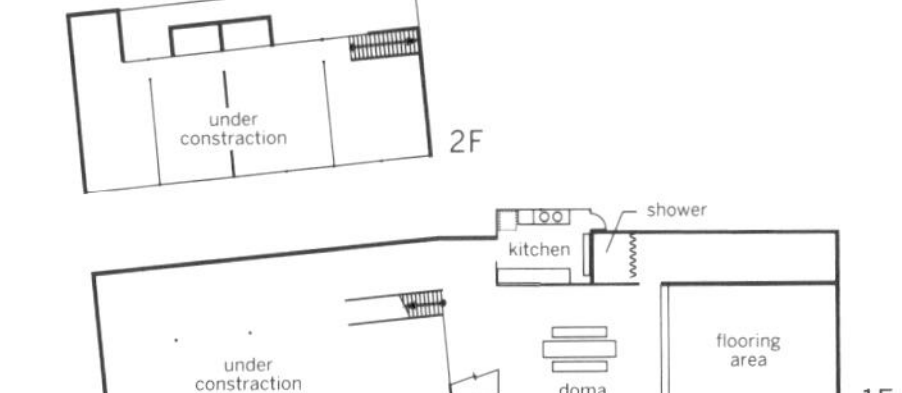

舛本家にとっての「仕事」には、一般的には「家事」に分類されることも含まれる。

自分が大切にしたいことに忠実に生きたら、それが自給自足な生活だった

——この家はもともと海の家だったそうですね。住みながら自分たちで改装しているそうですが、どんな生活を送っているのですか？

エネルギーのオフグリッド[*1]とか、なるべく自給自足に近い生活がしたいと思いながら暮らしています。

電気は太陽光パネルで賄っていて、晴れているときは屋外に出しています。そもそも電気式のアイテムはあまり持っていなくて、テレビも夫婦ともに昔から観ないので持っていません。インターネット回線だけは引いていますが。ガスは引く予定もなくて、灯油コンロや薪ストーブで過ごしています。なるべく支出を減らし、環境にもなるべく負荷をかけないような生活をしています。

——トイレが、家の外にある小屋の中というのは驚きました。

昔はここに汲み取り式のトイレがあったらしいです。いまは、バイオトイレ[*2]にして使っています。まだ完全ではないので、排泄物が溜まったら土と混ぜて、堆肥化して処理していますが、ゆくゆくはトイレの中で分解されるような仕組みをつくりたいと思っています。

——どうして、いまのような暮らし方を選んだのですか？

そうですね……。自由に使える時間を確保したかったんです。以前は、就職して働いていないと都市部には住めないのだと思い込んでいて、週6日働いているような状態でした。でもそれだとやりたいこともやれなくて、行きたいところがあっても仕事だからと諦めてしまう。でもそれは、自分で自分を縛っているだけだと気付いたんです。

しなければならないことなんて何もなくて、すべて自分の責任で自分が選択していることだと。行きたいところに行きたい時に行ける。その日やることをその日に自分で決められる。そして、生活することに重きを置きたいという思いがありました。

いまは起きたいときに起きて、だいたい犬の〝うしいろ〟が横でむにゃむにゃしていて、それで一緒になってごろごろして。早く寝るけど、早く起きない。本来の自分は、時間に追われていることが得意ではなかったんですね。

バイオトイレ。トイレットペーパーは分解されないため、手前に置かれているゴミ箱に入れて回収する。

人に譲ってもらった檜浴槽。外を眺めながら入れるお風呂をつくろうと計画している。

家から一度外へ出てアクセスするトイレ。手洗いは横に設置したウォータータンクから給水して行う。

自分の時間が持てるようになったことで、自分が何を大切にしているのか、何を選びたいのか、日々考えながら生きることができるようになりました。

いまはそうした自分の欲求に忠実に生きていこうと思っています。その結果として、大量生産・大量消費・大量廃棄のシステムには依存せず、環境負荷の少ない、自給自足に近い生活ができたらと考えるようになりました。

自分の手の届く範囲だけというか、身の丈に合わせて生活する。そんなライフスタイルを送っています。

——とはいえ、いきなりこの暮らしを始めるのは、勇気が要りそうです。何かきっかけがあったのでしょうか？

家の目の前に停めているバスはもともと、バーとして改装されて営業していた、横浜では有名なバスバーだったんです。当時私も客としてバーに通っていたのですが、ある日オーナーが「バスの置き場が無くなってしまうからバーを辞めることにした。このバスはスクラップするしかない」なんて言うから、「みんなから愛されているこの場所をなくしてはいけない！　私がなんとかします！」って言ってしまって（笑）。

当時のバスの置き場がなくなるまで、時間の猶予はひと月しかなかったんですけど、そこ

行きたいところに行きたい時に行ける。
その日やることをその日に自分で決められる。
生活に重きを置きたいという思いがありました。

からバスが置ける場所を探して、たどり着いたのがこの家でした。

――そのバスバーをとても気に入っていたんですね。いまは、バスでの営業を収入源としているのですか？

バスをチルアウトスペースとして営業しているほかに、前に買って住んでいた家を友人に貸していて、その賃貸収入もあります。バスの営業は土日がメインで予約制。基本は、改装など家の仕事をしていて、予約が入ったら開ける方式です。お客さんは日によってまちまちで、最近は土日で10人弱くらい。長期休暇などで人が多いときでも30人くらいです。

――バスを引き継いだとはいっても、そんなに積極的に営業しているわけではないのですね。

うーん、まぁ。でも暮らせるといえば暮らせるくらいは稼げています。

バスは、屋根の防水や外装の塗装、車内の壁や床の補修など、味わいは残しつつ、フルリノベーションに近い改修が行われた。

クラウドファンディングで
100人もの人からの
支援で生き返ったバス。

バスの天井は、訪れた客が貼り付けていった名刺で埋め尽くされている。

波の音を聞きながら富士山を眺める。この時間を過ごすためにバスを訪れる客もいるという。

仕事を辞め、自分の暮らしをつくる「仕事」を選択

──自由に使える時間が欲しいから、仕事を減らして、その分、暮らしにかかる支出も減らしていく。そういった考えなのでしょうか？

仕事は仕事で、好きなことができていれば楽しいとは思うんです。いまはたまたま、家をつくるのが仕事のようになっています。賃金をもらえるわけではないけど、自分の時間と労力を自分の暮らしのために使っているという点では、仕事だとも言えると思うんです。必要なお金自体が少なく済むよう、家賃が安い家に住んだり、家を自分で直したりつくったり、できることは自給するなどして、お金をかけず楽しく生活する方法を工夫することが、仕事であり遊びでもあり。それが楽しいので、いまはこのやり方を選択しています。

──直したりつくったりしなければ住めない家ですが、不便だと思うより、楽しいと感じているのですね。

晴れている日は、太陽光パネルを出したり、浜辺で拾った流木を薪にしてコーヒーを焙煎したり、環境を活かしながら支出を減らして暮らしを成り立たせている。

寝床が整うまでは、愛犬の顔を模した小屋の中で暖をとって寝ていた。

卵を産んでもらうため、烏骨鶏を２羽飼っている。

賃金をもらえるわけではないけど、
時間と労力を暮らしのために使ってるという点では、
仕事だとも言えると思うんです。

不便なことはもちろん不便です。例えば、いまは家にお風呂がないので、公衆浴場に通っていますが、車で15分くらいの場所にあって、さすがに面倒臭い。シャワースペースは一応あるのですが、まだ綺麗に整えていないから、服を脱ぐときにまわりの汚いところに触らないように「ソローッ」と脱いだりとか。「早く綺麗なところでシャワーを浴びたい!」とは思ったりします。

——不便さへの不満はやっぱりあるんですね(笑)。

そうですね。不便なところをもう少し自分たちの使いやすいように、居心地の良いようにしていきたい、という気持ちはあります。お風呂ができたり、トイレが目指すかたちになったりとか、そういうときの達成感が楽しいのかもしれません。

——不自由を自由にしていく過程が面白いんですね。

そうですね。家賃が安いからといって、面白みのない家には住みたくないですし、逆に、都心の家賃が高いところに住める状況だったとしても、すでにできあがっている家に住むのも面白くないので、自分で手を入れて好みの家にできるというのは、私たちにとって必須なのかもしれません。創造できる場所、クリエイティブなことができる場所という感覚です。さらに、この家は海が近いので、例えば津波などで家自体がなくなってしまったり、もしくは別の地に移ったとしても、また自分たちで暮らしが立て直せるという気持ちというか、力を持っていたいんだと思います。

――これからこんな暮らしがしたいというイメージはありますか？

いまはまず家自体の整備を行っていますが、今後住む環境が整ってきたら、小さな畑で何かを育てるとか、保存食づくりとか、食にも力を入れていけたらいいなと思っています。今は烏骨鶏を育てていて、最近卵を産んでくれるようになりました。だけど、完全に自給自足な暮らしを目指すというよりは、仲の良い人たちとのコミュニティのなかで、必要な物を回し合って生きていくような感じが理想だなと思っています。

―

＊1　オフグリッド――電力会社などの送電網につながっていない、独立型の電力システム。
＊2　バイオトイレ――水をまったく使わない、微生物の活動によって排泄物を分解するトイレ。

この家で行われる、あらゆることは、仕事でもあり、暮らしでもある。

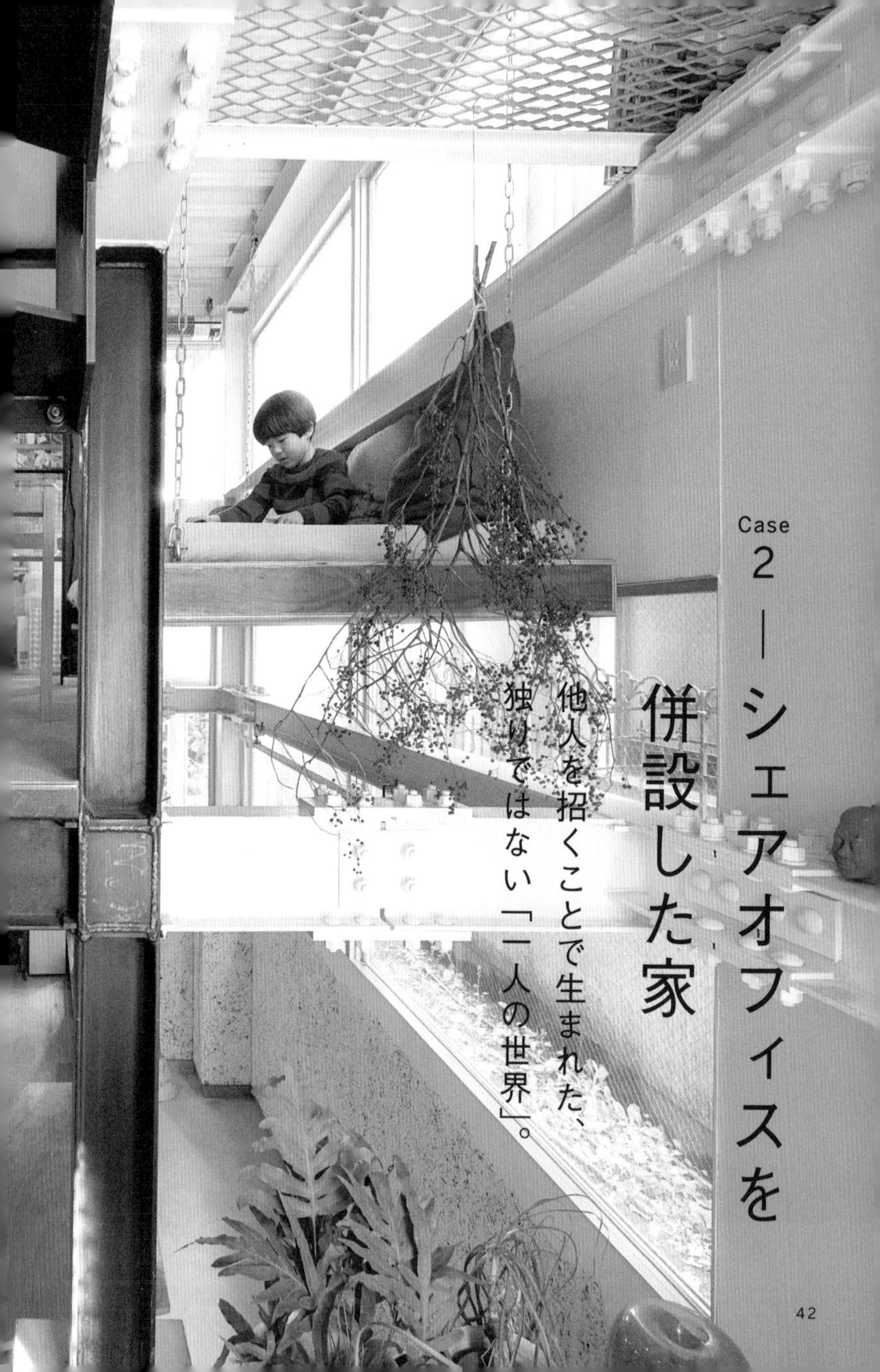

Case 2 — シェアオフィスを併設した家

他人を招くことで生まれた、独りではない「一人の世界」。

地下のシェアオフィス。夫妻のほかに、刺繍作家、アパレルのプレスがこの場所で働いており、集中しやすいよう目線が交わらない席の並び方にしている。

Introduction

自身が設計した自宅内にシェアオフィスとシェアキッチンを持つ、吉田あいさん・州一郎さんご夫妻。
地下1階・地上3階建てのつくりで、
地下が建築家であるご夫妻の仕事場兼シェアオフィス。
1階はシェアキッチンと、誰でも使える打ち合わせテーブルが用意されています。
2階と3階が家族のためのスペースになっていますが、
玄関は共同のため、シェアオフィスを使う人と
自然と顔を合わせるつくりになっています。

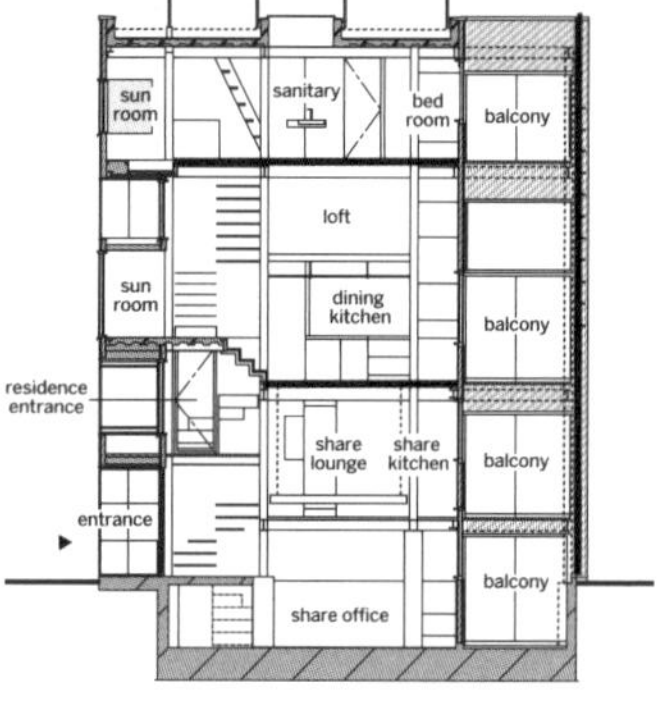

> Data

家族構成｜夫婦＋子供一人
所在地｜東京都渋谷区
竣工年｜2015年
延床面積｜94.87㎡
敷地面積｜61.18㎡
設計｜アキチ アーキテクツ一級建築士事務所

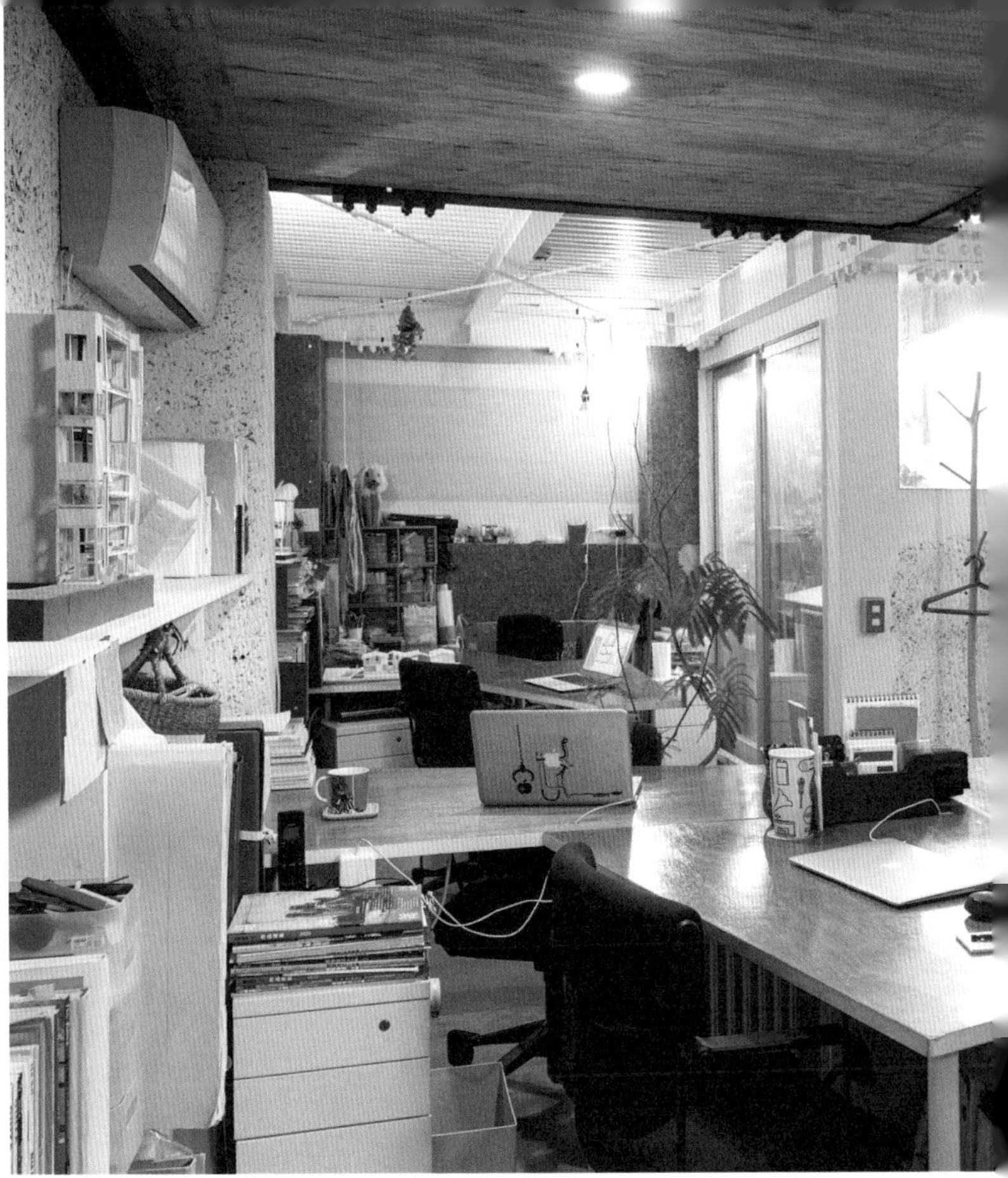

左／この家の模型。建築家である吉田さん夫妻が自分たちで設計した。
右／間口はおよそ2.5m。家々の隙間に建てられている。

コミュニケーションし過ぎないシェア

――他人とシェアするスペースを自宅内につくるというのは、なかなか珍しいかたちだと思うのですが、吉田さんにとってこの家はどんな存在なのでしょうか？

「家に帰ってきた」という感じではないかも。

1日どこかへ出掛けたとき、「今日は誰かいるかな」と考えながら帰ってくるのですが、それが不思議な感じ。誰もいないときもあるけれど、誰かがいるとちょっとほっとします。自分たちだけの家じゃないという感覚なのですが、なぜか落ち着くんです。

――家族以外の人が家にいることに、ストレスを感じることはないのですか？

全然ありません。シェアオフィスを始めたばかりの頃は、2階のキッチンにみんなを呼んで一緒にご飯を食べるのもいいかも、と思っていたけれど、忙しくて全然できないし、シェアオフィスのメンバーの都合もなかなか合わない。無理に合わせようとするとお互い

中2階のスペースは息子の部屋。料理をしながらでも気配を感じられるつくりになっている。

上 / 構造材料でもある鉄骨を棚としても活用。旅行先で集めた民芸品が飾られている。
下 / 仕切りがほとんどなく、全体的にオープンな家だからこそ、一人になれるスペースをあえてつくり出している。ここでは読書をしたり、洗濯物を畳んだり、ご飯を食べることも。

それぞれ思い思いの方向に意識が向いていれば、そこが自分の世界になるのでしょうね。

ストレスになるし。

この家をつくるとき、参考のために一般的なシェアオフィスも回ってみたんですけど、「みんなで仲良く」とか「一緒に頑張っていこうぜ!」というような雰囲気があって、コミュニケーションに疲れるときがあったんです。

でもここは、住宅と一緒になっている分、プライベートを大事にするんですよ。積極的にコミュニケーションしないシェア、という感じ。

——自宅をシェアオフィスにしていると聞いて、コミュニケーションが大好きな人なのかと思っていました。

たぶん私はそんなにオープンな人間ではないんです。じゃあなんでシェアオフィスをつくったの?と思われるかもしれませんが、別に一人だけで生きていきたいわけでも、閉じこもって家族だけで生きるのが好きなわけでもない。他者との距離感について、自分にとってのちょうどいい塩梅みたいなものがあるんですが、そういうシェアオフィスがほかになかったので自分でつくりました。

カフェでも仕事はできるし、どんな状態を「一人」と感じるかは人によって違うと思いますが、まわりに人がいても、それぞれ思い思いの方向に意識が向いていれば、そこが自分の

息子の初めてのお使いは、
お菓子を買いに
シェアキッチンへ。

吉田家のプライベートを保つ重要な役割をする、シェアスペースと住居スペースを区切るガラス扉。

奥の扉の向こうがシェアキッチン。手前は借りている人が自由に使える打ち合わせスペース。

左、右／シェアキッチンは、オーガニック食材を使った洋菓子屋さんが借りており、遅くまで仕事をしていると、お菓子を届けてくれることもあるそう。

世界になるのでしょうね。

シェアオフィスに入居してくれる人と私たちの関係がうまくいくのか、最初はもちろん不安がありました。自分たちで体験しながら距離感を調整していこうと思っていたら、結果、本当にちょうどいい感じに落ち着きました。

シェアスペースと住居スペースを区切る扉（P50）があるのですが、そこできっちり仕切られているので、プライベートは保たれています。

さらにシェアとして開放する時間は、月～土曜の朝9時から夜10時までと決めています。それ以外の時間は家族のプライベートな場所になります。たとえ使える曜日や時間が制限されていたとしても、住居の一部として使おうと思えば使えるということも、気持ちに余裕を生んでいます。

本質的に広いと感じる家づくり

――建坪8・7坪と伺いましたが、そうとは思えないくらい広々と感じられます。

狭いことが恐怖だったんです。だから設計ではいかに抜けをつくり、いかに光を採り込め

この家に住み始めてからは
つねに旅行しているような
開放感、居心地があります。

るかということにいちばん気を遣いました。

設計から家を建て始めるまで、しばらく時間がかかるじゃないですか。そこで更地のあいだ、この土地を「花畑にしよう」と思いついて、家族3人で敷地を耕して種撒きをしました。結局、花は咲かなかったんですけどね（笑）。

でも、そのときにこの土地の特徴に気づくことができました。キャンプ用の椅子を持ち込んで一日中そこで過ごして、いろんな角度から眺めては「ここの眺めがいいね」とか「ここだと風が気持ちいい」とか、地面から空に向かって視界や風が抜ける道を一つひとつ探しました。最終的には小さな敷地をさらに細かく6つのゾーンまで分けて考えて、それを部屋の配置やプランに活かしました。

――何もない敷地で過ごしたことが家づくりの始まりだったのですね。

そうですね。ヒントになったのはキャンピングカーでした。敷地に種蒔きする前に1週間ほどキャンピングカーを借りて旅に行ったのですが、すごく面白かったんです。狭い車の中にソファとテーブルとキッチンが詰め込まれていて、なのになんでこんなに落ち着くんだろうって。

手の届く範囲に必要なものがあって、それが人間の身体のスケール感に馴染むんでしょう

子育てをするうえでも、自分たち以外の大人が身近にいることに助けられることが多いそうだ。

ね。何もないどーんと開けた空間ももちろんいいと思いますが、同時に恐怖も感じる。小さな空間にぎゅっと包まれて、一歩外に出れば大きな自然がある。その状態が気持ちいいのだと思います。

前に住んでいた家では旅行や外食が多くて、外に出たい気持ちが強かった。でもこの家に住み始めてからはつねに旅行しているような開放感と居心地があって、あまり行かなくなりました。

この家はすごく狭い敷地につくられていますが、家の中のどこにいても外を感じられるようにしたり、シェアオフィスで社会とつながっていることで、いつも外の世界と連続している感覚が得られるからかもしれません。あぁ、始まりはキャンピングカーの旅でしたね。

Case 5 引き継いだ家

熊澤茂吉さん

季節や時間のうつろいを楽しむ

早朝には障子越しに差し込む陽の光、庭の樹木のシルエットの美しさを。昼間には池の水面が反射してゆらめく光を。夕方には暖炉に火を灯し、お酒とともに。それぞれの時を楽しんでいます。

Case 6 移動できる移動しない家

ねごろまさきさん

仕事前夜の夜通しゲーム

個室は自己完結していますが、シェアリビングでは突発的に人が集まり、場ができる。その「共」感覚を得られる瞬間、明日仕事で寝ないといけないのに「大貧民」をやっちゃってるときがいちばん好きです。

Case 7 撮影スタジオな家

三浦淳さん

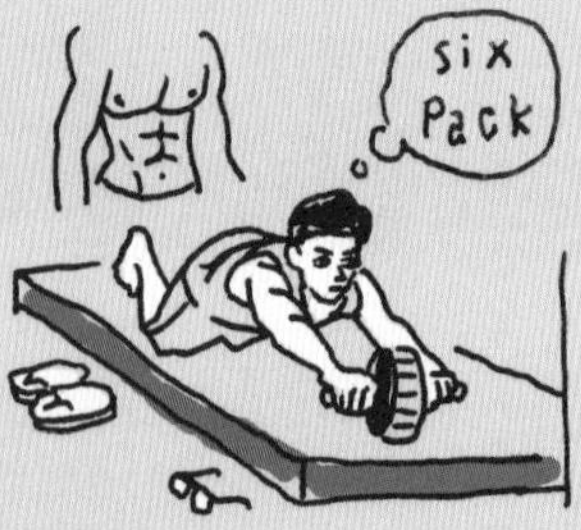

細い通路で腹筋ローラー

足場板のリビングは土足で過ごし、奥の寝室はふかふか絨毯。素足になれるフラットな場所は、寝室手前の通路のみ。そこでやる筋トレはパーケットの模様が眼前に迫ってきて気分がアガります。

Case 8 家づくり自体が目的の家

西村周治さん

暖炉で廃材を燃やしまくる

真冬、外は寒いなか、暖炉の前で現場から出た廃材を取り憑かれたように燃やして暖をとること。現場が多く、燃やしても燃やしても追いつかないくらい薪になる廃材があります。

Column 1

休日の好きな過ごし方

家のどこで何をしている時間が好きですか？
幸せを感じる過ごし方を教えてもらいました。

Case 1 自給自足な家

舛本佳奈子さん

バスでプライベート時間を楽しむ

休日と仕事の日の境目がないので、毎日仕事とも毎日休日とも言えますが……仕事場でもあるバスの中で、お客さんが来ない日に離れの個室気分でコーヒーを淹れたり読書する時間が好きです。

Case 2 シェアオフィスを併設した家

吉田あいさん

プールのようなベッドでゴロゴロ

廊下から1段下がった造りの部屋全面にマットを敷き詰めた、プールのようなベッドスペース。そこで、ごろーんとねっ転がっている時間。普通のベッドで寝るのとはちょっと違う感覚なんです。

Case 3 生活を削ぎ落とした家

ジブさん

ソファから外の眺めを楽しむ

ソファから見る玄関ドアを開けたバルコニー越しの眺め。最高ですね。この部屋の価値はすべてこの眺めにあると思っています。外を眺めてマンガを読んだりしています。

Case 4 蓄えられた家

石田勇介さん

映画１本分のバスタイム

バスタブをソファに見立ててリラックス。お風呂の扉も全開に。iPadで動画や映画を2時間くらい鑑賞。お湯に浸かると観え方も変わる。バスルームもリビングの延長として使っています。

Case 3

生活を削ぎ落とした家

モノを持たず、〝不便〟だとしても
それが豊かに暮らす、最善の方法。

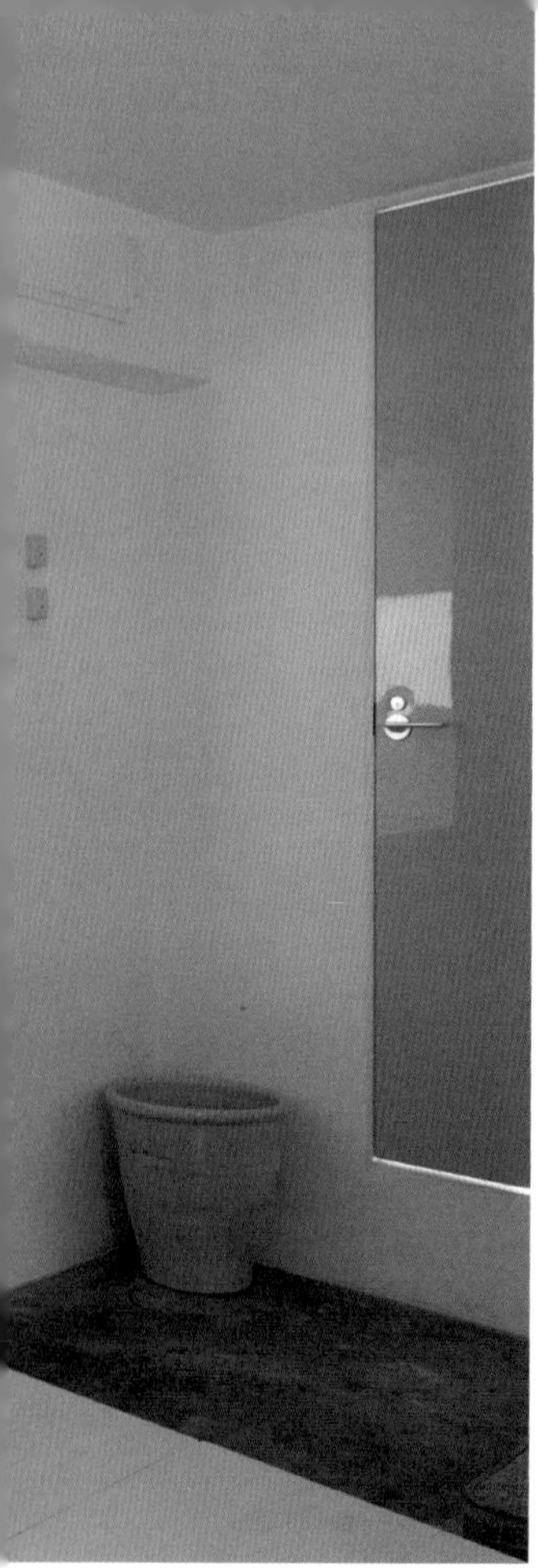

水回りを囲っているMDF材は、引っ越す前の家々でも使っていたもので、扱いやすいため、何年も使いまわしている。

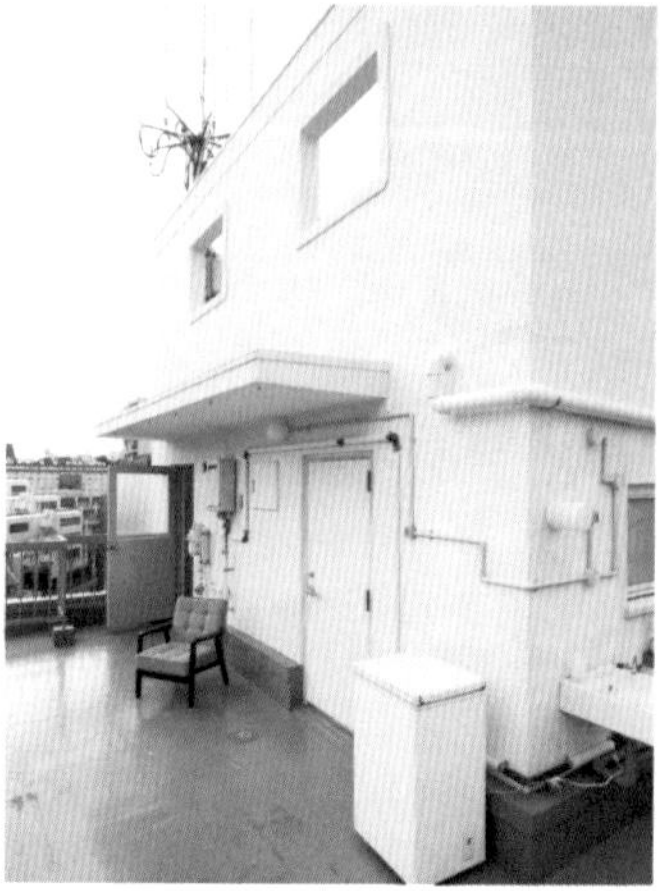

洗濯室だった部分はジブさんの専有空間だが、建物の外のスペースはいまでも共用部だという。マンション全体の管理を手伝うことで、この暮らし方を許容してもらっているという。

Introduction

都内のマンションの屋上、もともとは
共用の洗濯室だったという、
半分外のような場所に住むジブさん。
引っ越しが好きで、東京に住み始めてからの
およそ20年のあいだに家を転々としては、
その度に物を処分し、
家も小さくなっていったという。
最終的に、いまの家にはテレビもなければ
冷蔵庫もない。服も必要最低限で、
靴に至っては1足。内装も必要最低限まで
削ぎ落とされた家で生活している。

> Data

家族構成 | 一人暮らし
所在地 | 東京都港区
竣工年 | 1969年
改修年 | 2011〜2016年
専有面積 | 35㎡

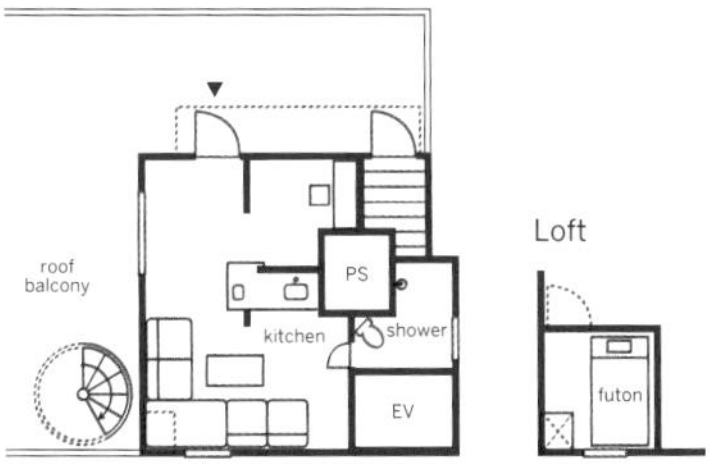

モノも内装も削ぎ落とした家は、事実「不便」

——モノは少ないし、家自体もいろいろ削ぎ落とされているというか、とても単純化されているのが印象的です。

だって、いらないでしょ。いらないものってたくさんあるんですよ。僕、大阪芸術大学の出身で、大学で得た知識で感動したのが「デザインにはプラスのデザインとマイナスのデザインがある」って話。iPhoneなんてがさがさいらないものを削っていったら最終的に一枚の四角い板になった。マイナスのデザインが好きなんですよね。最初に東京に来たときは、賃貸であっちこっち引っ越ししたけど、瞬間湯沸かし器とか玄関という存在がものすごく嫌だった。けど、取ったら怒られるじゃないですか。だから家を買うことにしたの。玄関なんて土足にすれば下駄箱もいらないじゃないですか。

——靴を脱がなければいいということですね。トイレにはペーパーホルダーも付けていません。トイレットペーパーは都度持ち込むのですか?

トイレ＆シャワールーム。トイレットペーパーは毎回持ち込む。右上の赤色の栓が、シャワーのハンドルがわりになる止水栓。

そう、いちいち持って行く。前の家はトイレにドアも付けていなかった。トイレにドアって必要ですか？　ドアがないほうが明るいですよ。腰壁くらいの仕切りだけで便器も見えないようにできるし。遊びに来る人がみんな言うから仕方なく今回の家には付けたの。ドアがないと騒ぐよね。

――シャワーにはハンドルが付いていません。どうやって使うのですか？

水道管に付いている止水栓[*1]を使います。まずお湯の管に付いている栓を全開にして、しばらくは温かくならないから、そのあいだに水のほうの栓を1㎜ずつ開いていく。で、ちょうどよいお湯加減を調整する。蛇口だと水道管から直結できなくて、管が増えるのが煩わしかったんだよね。

止水栓という存在を発見したときは感動だった。これハンドルに使えるんじゃないか！って。まぁ本当は耐久性的に使えないことになっているらしいけど、この家では5年使っても、問題ありません。便利だけど、状態がもう許せないくらい美しくないのは使いたくない。いろいろ不便だとしても、美しいのがいいんだよね。

僕は不便でもいい。
実際、この家での生活は不便ですしね。
不便も割と好きなんですよ。

――「美しいのがいい」というのは、便利か不便かということではなく、自分が心地良いと思うものを追求したいということでしょうか?

何かの本に書いてあったんだけど「部屋は風景だから、私は気持ちのいい風景を見ていたい」って。気に入らない風景は居心地が悪い。気に入れば快適に暮らせるって。でも、日本では便利で安全であることが大事にされがちでしょう? 僕は不便でもいい。実際、この家での生活は不便ですしね。不便も割と好きなんですよ。50歳を超えたら実感すると思いますけど、便利だと鈍っちゃうんですよ、身体が。病気になりやすいと思う。あと、毎日便利に過ごしてそれに慣れちゃうよりも、時々便利を感じられるほうが気持ちいいですよ。

――便利な環境のなかで暮らさないほうが、結果的に幸せを感じられるということでしょうか?

そう。わかりやすい例を挙げると、僕はインドによく行くんだけど、まずは井戸しかないような安宿に泊まるの。で、翌日日本に帰るという日に五つ星が付いているような宿に泊まる。そしたらもう、そのときは本当に快適に感じますよ。

床は職人さんに依頼して、1ヶ月かけて仕上げた土間打ち。グレーの中に、相性の良い黄色を混ぜて仕上げている。

自分の気持ち良さを
追求して
削ぎ落とされていった
内装たち。

左／工具だけはたくさん。収納しているのはシンプルな箱。右／蛇口の先端を回すと水が出る仕様。一般的な、ハンドルが付いている水栓に比べると回しにくい。

キッチン設備も最低限。一口IHコンロを天面がフラットになるように綺麗に埋め込んでいる。火力がないので不便だという。

100％自己責任で、100％自分が好きな空間をつくる

――この家の内装や設備は、プロの手も借りつつ、自分でつくられたんですよね？　つくることは好きだったんですか？

好きは好きですね。でも、そもそも僕が望むことをやってくれる人がいなかった。お願いできる人がいればお願いしたかったけど、前例がないことはまず通じないんですよ。例えば大工さんに「チリ無しでお願いします」[*2]って言っても「チリはあるもんだ」と返ってくる。慣習でできないって言われることが多いんですね。

僕はもともと広告デザイナーという職に就いていたんだけど、デザイナーの仕事って請負なんです。スポンサーから仕事をもらって、スポンサーにお伺いをたてる。大体はA案とB案を持っていって、それらの折衷案みたいなものが通る。でも、そんなつくり方では中途半端なものができあがるばかりで、全然良い物はできません。

家に関しても、どんなふうにすればいいか自分のなかにははっきり答えがあったから、前

風呂もない、トイレもない、キッチンもない、
でも、“外”ではない。
何にもない家っていいじゃないですか。

例がないという理由だけで案が通らないのはすごくストレスだった。だから自分でつくるのは、１００％自己責任だけど、１００％自分がこうやりたいと思うようにできる。そのほうが楽しいです。

――この削ぎ落とされた空間で豊かに暮らしているんですね。

そう感じてくれます？　無理はまったくしていないです。よく考えてみれば、この暮らし方をするようになったきっかけはインドで断食した経験が大きいかもしれない。断食って要は、胃の中のものさえも無くして、死に近づく儀式だと思うんだけど、１ヶ月たって身体の中が空っぽになったとき、めちゃくちゃ気持ち良かった。身体の調子も良くなったし開放感がすごかった。この建物の地下にもうひとつ倉庫を借りているんですが、次に引っ越すなら、そういう何もない場所に住んでみたい。風呂もない、トイレもない、キッチンもない、でも、〝外〟ではない。何にもない家っていいじゃないですか。

―

＊１　止水栓――通常の水栓ではなく、給水管と給水器具のあいだに設けられている元栓。
＊２　チリ――垂直な２つの面のわずかなズレやその幅のこと。

WHY, BRAD DARLING, THIS PAINTING IS A MASTERPIECE! MY, SOON YOU'LL HAVE ALL OF NEW YORK CLAMORING FOR YOUR WORK!

本来倉庫として貸し出されている、同じマンションの地下にある20㎡ほどのスペースも借りている。このような"何もない"ワンルームに住むことが、最終的な理想だという。

Case 4 —

蓄えられた家

探究心から生まれる収集癖
無数の「物」を活かす場所。

BISLEY

バルコニーを囲んでコの字型に部屋が配置されているマンションの一室。
もともとは3つの部屋と中廊下からなる、
一般的なマンションの間取りをしていました。
その状態から、細かく部屋を区切っていた壁をすべて取り払い、
開けた空間にリノベーション。
内装デザインと内装材の手配をしたのは、家主である石田勇介さん。
広々とした空間には椅子やテーブルなどの家具と同列に、
車のドアや街灯、石などの様々な〝物〟が置かれています。

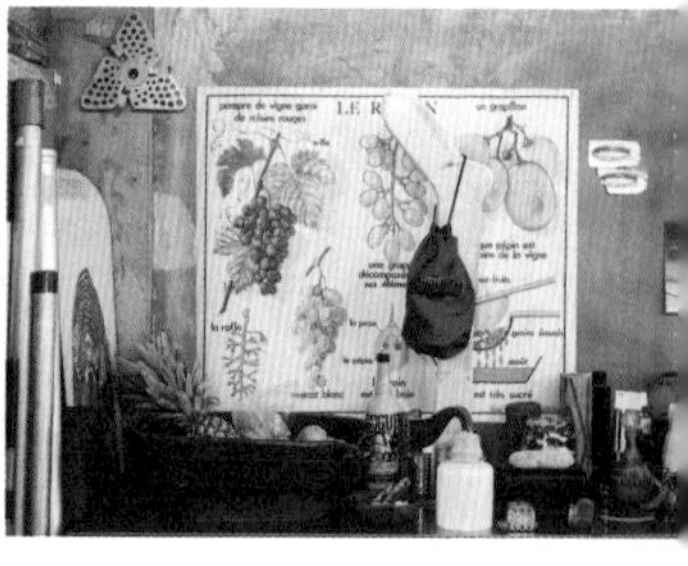

左／イタリアの自動車ブランド「アバルト」の木箱。収納がほとんどないこの家で、服の収納に活躍している箱だ。　右／海外の有名ブランドのアイテムの横に、日本の民芸品が置いてあったり。「石田さんの好きな物」という共通点で不思議と馴染んでいる。

「いつか自分の家に使いたい。置きたい」と、学生時代から集められた
内装材や家具などで、この空間はできあがっている。

> Data

家族構成 | 夫婦＋子供一人
所在地 | 神奈川県川崎市
竣工年 | 1981年
改修年 | 2011年
専有面積 | 106.94㎡

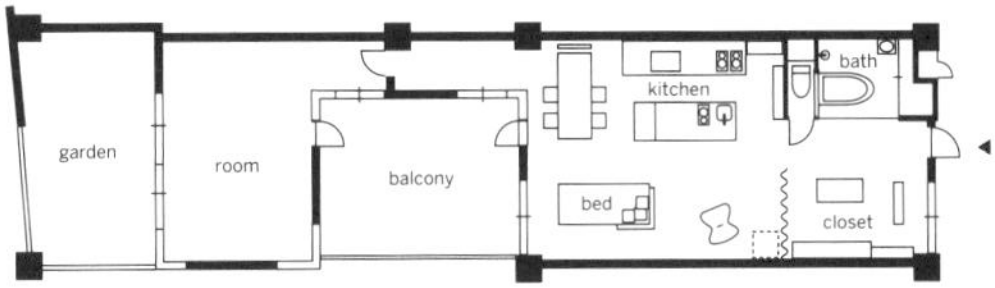

どんな機能を持った物も、フラットに「形」と「質感」でとらえる

――車のドア、街灯、石、水栓……。ほかにもなんなのかよくわからない物がたくさんありますが、なぜこうした物を集めているのでしょうか？

自分のなかに〝流行り〟があるんです。街灯にハマる時があったり、石にハマる時があったり、いまは水栓にハマっていたり。その流行りのなかで物を集めています。かといってハマったらなんでも手に入れるのではなくて、例えば「水栓」というカテゴリーのなかで気に入ったものを見つけても、すぐに買うことはしません。手に入れることができる「水栓」を一通り調べてから、最終的にどれを買うか決めるようにしています。

――衝動買いしているわけではなくて、一つひとつを吟味してから手に入れているのですね。いまのように様々な物を蒐集するようになったのは、いつからでしょうか？

4畳半しかない家に住んでいた、18歳の時に購入したマークニューソンの椅子。

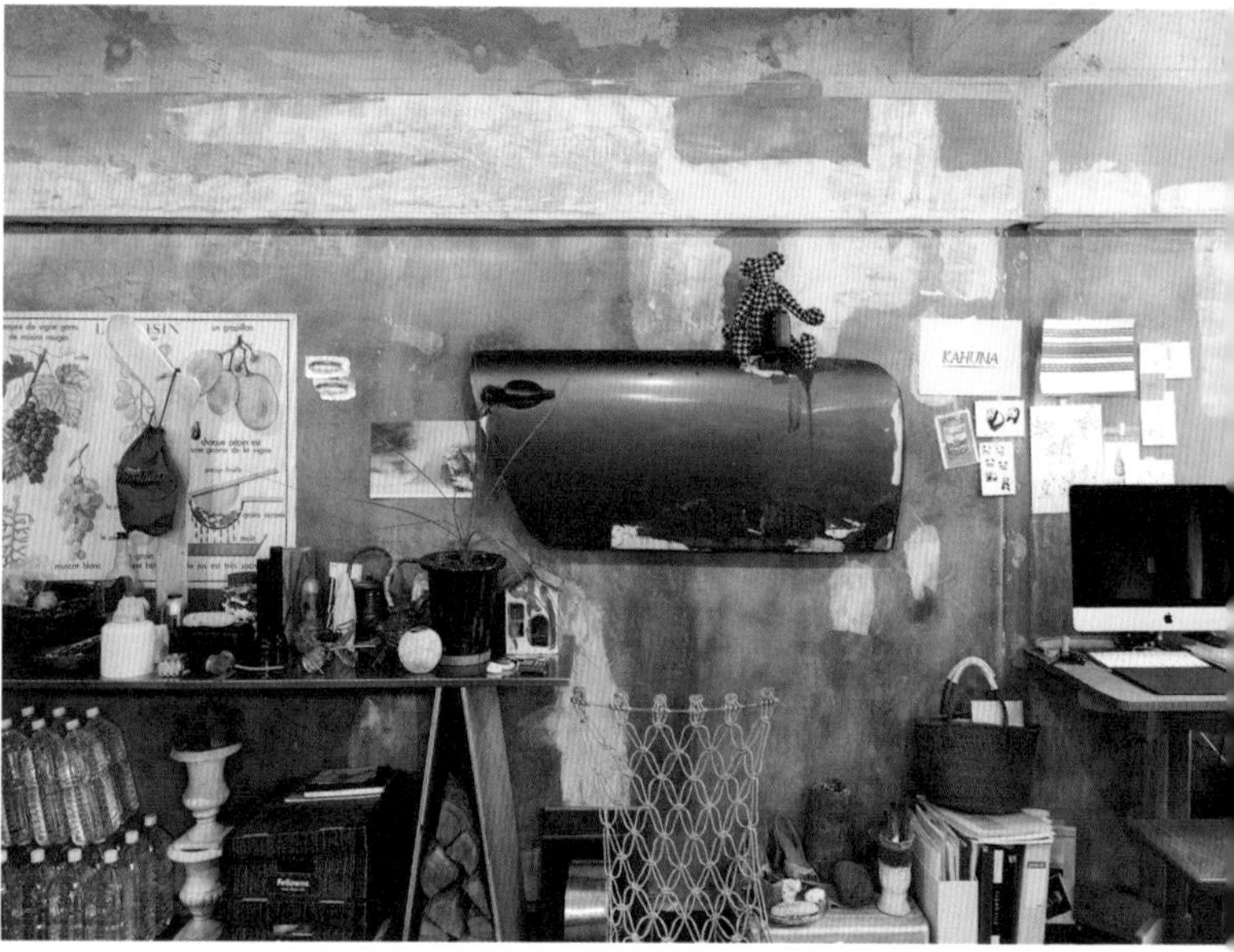

上／拾ってきたものや、建材として販売されているタイルなど、家の至る所で見つかる「石」。　下／壁に掛けられたポルシェのドア。板金屋で購入したもの。

このペンは、別に使わないんです。
それでも、僕が見て、存在を感じているだけで
役割は果たしているんですよ。

高校生のときには集め始めていましたね。初めて一人暮らしをした専門学校生時代に、4畳半しかない風呂なしトイレ共同のアパートに住んでいたのですが、物を飾るために自分でところせましと机と棚をつくり、最終的には置き場所がなくなった椅子を天井から吊っていました（笑）。自分が美しいと感じる物、すごくいい形をしていたり、いい質感の物は、ただそれがあるだけで自分に対していい影響を与えてくれると思っているんです。綺麗な花を見たら飾りたくなると思うんですけど、その感覚と一緒で、どうしても欲しくなっちゃうんです。近くに置いておきたい。単純な欲望ですね。

――車のドアも石も水栓も、石田さんにとっては花のような存在ということですか？

物は物として、フラットに見ているということです。例えばここにあるペン。機能としては書くための物ですが、僕はそれだけの存在としては見ていません。このペンは、フォルムと色が好きだからとりあえずデスクの上に転がしていて、物を書くことには別に使わないんです。それでも、僕が見て、このペンの存在を感じているだけで役割は果たしているんですよ。すべてが置物みたいな感覚です。

――この家はそれらの〝置物〟を集めて飾るための空間、という感覚なのでしょうか？

どうやって使おうか迷って
保留状態にしてある物も
たくさん。

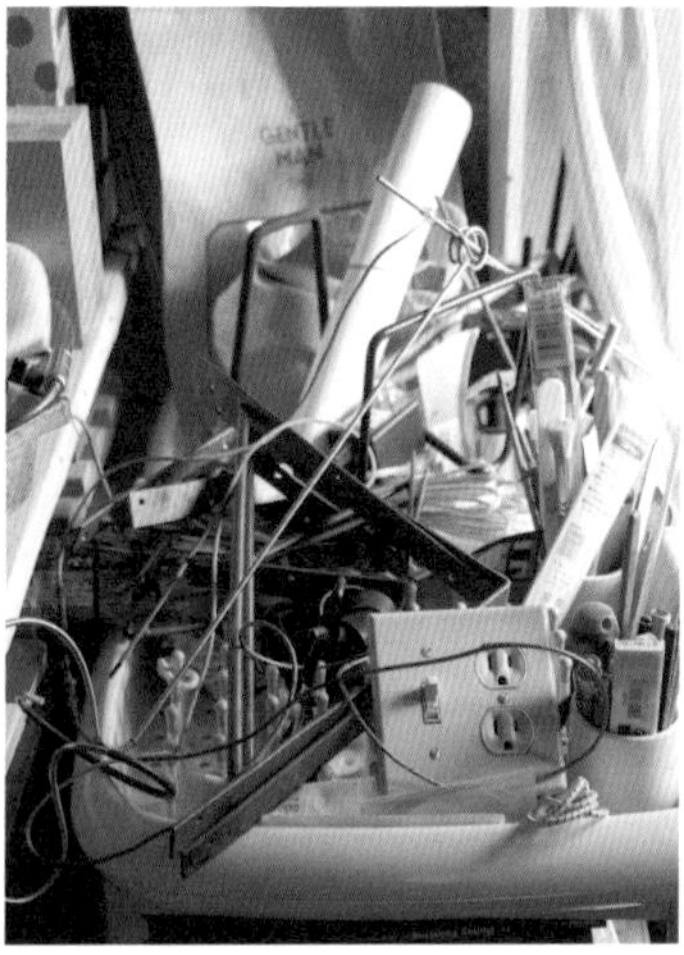

上、下 / 廃材や端切れ、自転車のフレーム……。何に使うかはわからないけれど、石田さんの御眼鏡に適った物たちが積み重なって置かれている。

ヴィンテージショップで購入したフランスの「街灯」。ヴィンテージショップでもあまりの大きさに買い手がつかなかった物だという。

確かに、この家をリノベーションしたときは、何かをつくったというよりも、もともと部屋を細かく仕切っていた壁を解体して、広い空間を得ることが目的でした。そこに生活に必要なキッチンとお風呂を設置した、という感じです。

僕にとって物は、見えていないと意味がないというか、仕舞われてしまっている物は僕にとっては物じゃない。だから部屋が区切られ過ぎないようにして、全部見えるように飾ってあるという感じです。

――そう言われてこの家をみると、バスタブも展示されている物のように見えてきます。

キッチンに関しても、一般的な「キッチン」という住宅設備を設置したというよりも、コンロだったりオーブンだったり、それぞれ機能を持った物を寄せ集めて、結果それがキッチンというかたちになった、という感覚です。

蓄えた物が生み出すのは、アイデア

――先ほど「自分に対していい影響を与えてくれる」と言っていましたが、これらの物は

浴室には半透明の波板と、ガレージ用のパーツが使われており、跳ね上げて開ける仕組みになっている。

使いたいキッチン設備にあわせて組んでもらったキッチンフレーム。

具体的にどんな影響を与えてくれるのでしょう？

自分のアイデアを生み出すのに役立っているなという実感はあります。物の形や質感、買う前に調べた物にまつわるエピソード。それらが身の回りにあることで、何かのきっかけにつながって、自分のオリジナルのアイデアになっていく。仕事で言えば企画会議だったり、商品開発をするときに役立ったり。

物を集めることは、知識を集めているということなのかもしれません。

——物を集めることは知識を集めること。まったく考えたことがありませんでした。でも、知識を集めるならほかにも方法があるのではと思うのですが、なぜ物で集めるのでしょうか？

物に限定しているわけではありません。以前、映像ディレクターの仕事をしていたのですが、そのときから資料としてもらったDMは取って置いてあるし、本もたくさん読む。ネットで見た記事もEvernote*に大量に保存してあります。紙でもデータでも、気に入ったものはピックしておくのですが、物を集めることはそれとまったく同列の行動だと思っています。

蓄えた物のストックと
物から得たアイデアがあるから、
自分の気に入る空間ができる。

過去にこんなデザインが存在しているという蓄えがあるから、新しく自分のデザインを考えることができる。蓄えた物のストックと物から得たアイデアがあるから、自分の気に入る空間ができる。知識が実際に役に立ったという実感もあるから、集めるのをやめられないのかもしれません。

物を物たらしめるための、内装

――でも、そうした目的で物を集めるのなら、それを置く場所は家でなくても――例えば倉庫のような場所でもいいのではないでしょうか？

それは……ストレスが溜まるかな。例えば、内装で安心感を演出するための方法として、木を多用するとか、天井は低めにするといった方法があると思うんですが、僕にとっては、身の回りに自分の好きな物が配置されている状態が、落ち着くんですよね。
でも、物が置ければ内装自体はなんでもいいというわけではもちろんなくて、物は物だけで存在できないという前提があるから、やっぱり内装も大事だとは思っています。棚に並んでいるとか、あるべき場所に置いてあるとか。それらの物が、自分のなかで収まるべき

物だけでもなく、内装だけでもなく。どちらも合わせて、シーンをつくり上げている。

と思うところに収まっているかどうかは重要です。
その収まりというのは、映像で言うなら視点の話で、この椅子から座って見えるシーンが好きかどうか、ということ。家の中の奥行きも合わせて、柱の向こうに廊下が見えるこの角度からの景色はどうなのか、とか。単純に物単体の話でも、壁の仕上げが何かという話でもなくて、「シーンで完成しているかどうか」という考え方ですね。

――好きな物がまわりにあることが自分に安心感を生み出して、その物をベストな状態で飾るために、内装も重要、ということですね。

先ほど倉庫のような家という話が出ましたが、博物館みたいな家というほうがしっくりくるかもしれません。置き場所をちゃんとつくって展示してあげている感じなので。
とはいえ、じつは箱詰めしてある物もあります。言うなれば出番待ち。でも、その物の置き場所をいつかつくってあげたいなという思いがつねに頭にあるから、それがこの家の発展につながっていて、箱から出して置くべきところに物がハマった瞬間は、最高ですね。

―

＊ Evernote――ノートを取るように情報を蓄積するウェブサービス。

Case 5 引き継いだ家

熊澤茂吉さん

住んできた土地に眠るための墓

スリランカのジェフリー・バワの別荘「ルヌガンガ」。その敷地内に彼の墓があり、バワの気配が感じられるようだった。以来、自分が住む場所に眠るような墓をつくりたいと思うようになりました。

Case 6 移動できる移動しない家

ねごろまさきさん

見たことのないような形の栓抜き

瓶のコーラが大好きで、ポケットに忍ばせておける薄い栓抜きはつい欲しくなる。何事も人の手数が増える分エネルギーが込められると思うので、コーラも栓を開けて飲むほうが美味しく感じます。

Case 7 撮影スタジオな家

三浦淳さん

蛇腹の柵のエレベーター／リフト

工場とかにありそうなエレベーターまたはリフト。ポイントは蛇腹の柵。このレトロでインダストリアルな感じが好き。こういった機械がある工場か倉庫を改装し、メゾネットの住居にして住みたい。

Case 8 家づくり自体が目的の家

西村周治さん

眺望のいい屋根に露天風呂

どんなにボロでも「眺望がいい」ことは家を探すときに重視するポイントのひとつ。その眺望のいい屋根の上に露天風呂を置きたいです。暖炉の薪で水を温めたり……できそうだなこれ。

Column 2

妄想の欲しいアイテム

家にまつわる欲しいものはありますか？
あたためている妄想を膨らませてもらいました。

Case 1　自給自足な家

舛本佳奈子さん

潜水機能付き水陸両用車

対岸に見える沼津の市内までは、湾沿いの道を車で約1時間。直線距離だと近いので、これがあれば家の前の海から沼津港まで深海を覗きながらひと潜りして行ける！　深海魚も見たい。

Case 2　シェアオフィスを併設した家

吉田あいさん

野鳥の楽園 & 第3のリビング

最近、屋上を野鳥が集まる場所にしたい思いが膨らんで、近所に鳥を観察しに行っています。私たちにとっての第3のリビング（第2はシェアの共用スペース）で野鳥の楽園をつくりたい。

Case 3　生活を削ぎ落とした家

ジブさん

シンプルで白く美しい実用品

昔から不満なのが、養生シート、ホースなどの青色のプラスチック製品たち。美しくない。なので、工事で使う実用的なもの、ガラ袋から道路に置くコーンまで、真っ白く美しいものが欲しいです。

Case 4　蓄えられた家

石田勇介さん

機械式シューズパーキング

機械的な内装に惹かれます。で、考えたのが、ごちゃごちゃしがちな靴を収納してくれる回転メカ。レトロな未来感があって、毎日の靴選びがエンターテインメントになりそう。

Case 5

引き継いだ家

家から学び、
変化を受け入れることで
向上していく暮らし。

花や置物など、季節ごとにしつらえを変え、その変化を楽しんでいる。

Introduction

日本の名建築家、吉村順三設計の家を、友人の親族から譲り受けるかたちで引き継いだ熊澤茂吉さんご家族。2階建てで、1階にご両親が住み、2階は熊澤さんご家族という2世帯で暮らしています。家の隣にはゴルフ場があり、もともとは、そのゴルフ場の社交クラブメンバーをもてなす場所としてつくられたゲストハウスでした。引き継いでから11年。内装にはほぼ手を付けることなく、既存の姿を残して暮らしています。

> Data

家族構成 | 夫婦＋子供二人
所在地 | 神奈川県茅ヶ崎市
竣工年 | 1967年
改修年 | 2008年
延床面積 | 238.3㎡（2階部分）
敷地面積 | 934.35㎡

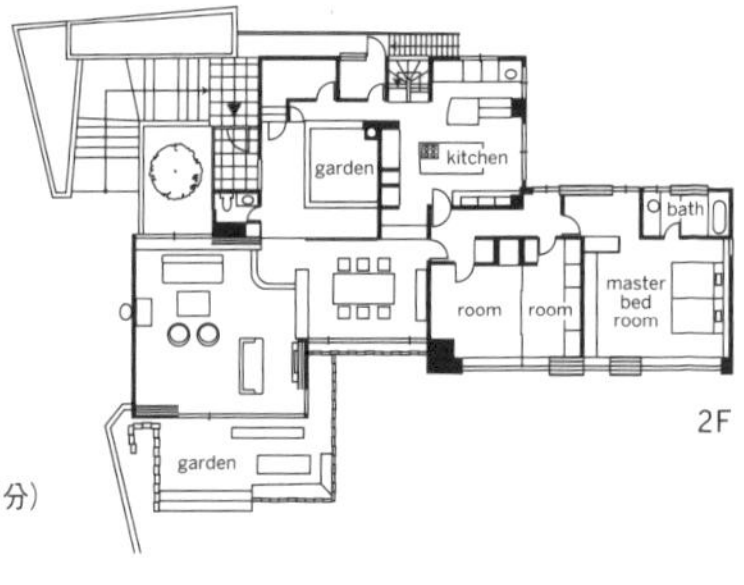

左、右／もとは私有地に建っていた建物だったため、公道に面しておらず、下水が通っていなかったが、家に面した道路が市に寄贈されたため、この家を購入することができたという。

縁ある人からの影響を素直に受け止めること

——この家に住むようになったきっかけを教えていただけますか？

もともとは家を建てたいという願望はあまり持っていなくて、どちらかというと面白い賃貸物件に住むことのほうに興味がありました。でも、この家に住むことになるよりずっと前に仕事で古民家を移築する機会があって、その仕事に協力してもらった古民家移築のプロから、「住む家で人生は決まるから。大事に考えたほうがいいよ」って言われて。その言葉がずーっと引っかかっていた頃に、この家の前の所有者から「熊澤くん、この家きっと好きだよ」と、紹介してもらったんです。

それまで建築に興味はなかったし、実は吉村順三さんのことも知りませんでした。

——建築に興味がなかったというのは意外でした。縁ある人たちの言葉や働きかけを受けて、この家に住むことになったんですね。実際に住んでみてどうでしたか？

奥の左側の扉は、開けると電気がつくようになっているコート掛け。「ここにあるべき」というものが用意されている。

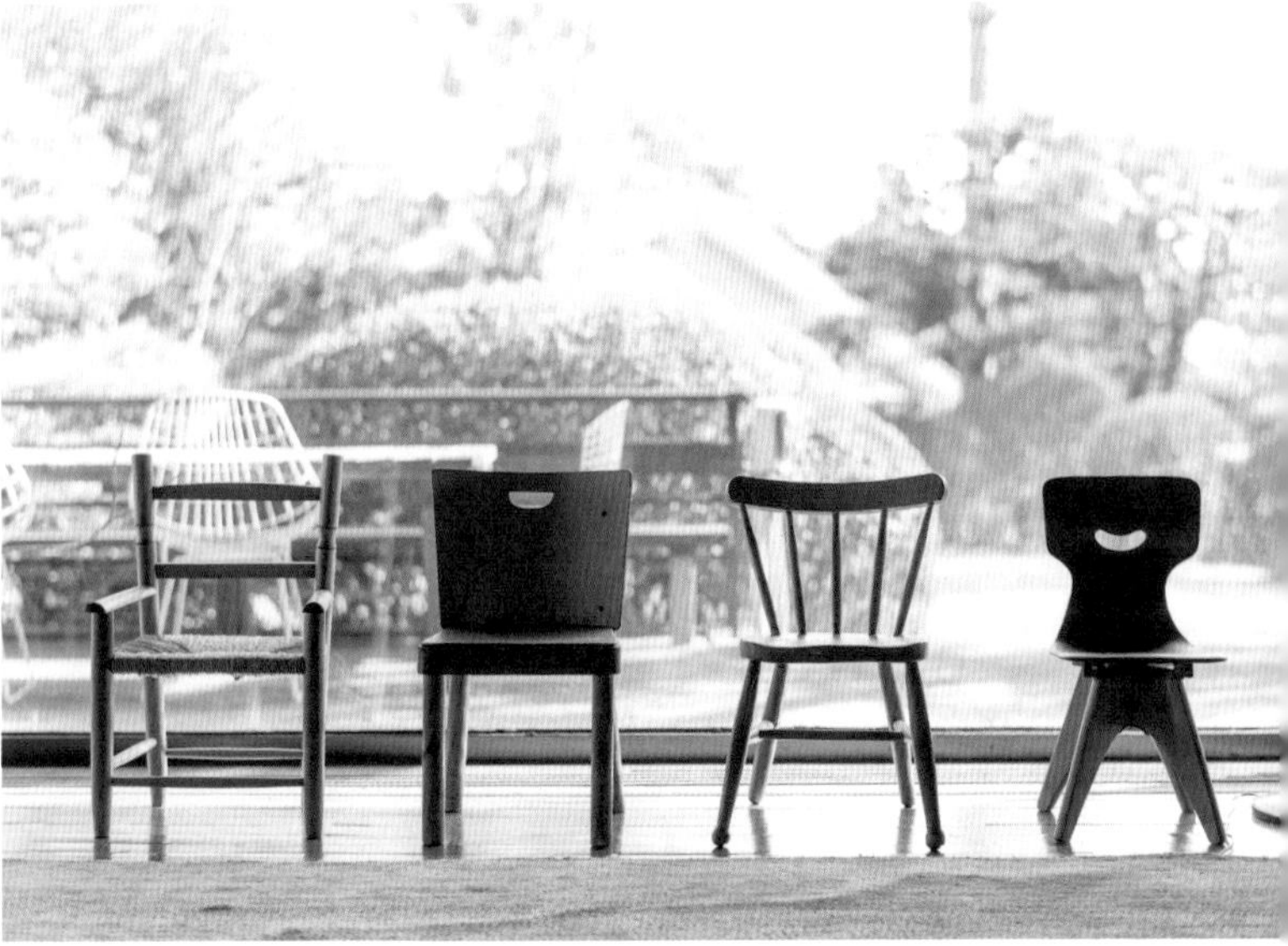

上／大雨が降ると、水が隣の窪みに伝わり、第一の池と第二の池をつなぐ川が現れる。　下／引っ越した当初はリビングが大人な空間過ぎて、子供の過ごす場所がうまくつくれなかった。少しでも子供がいる空気をつくろうとしたことがきっかけで、集めるようになった子供椅子。

季節や天気の変化が考えられていて、
そうやって毎日変わる景色を見ては、
家族と「綺麗だね」と言いながら過ごしています。

引っ越してきて11年なんですけど、住み始めてからは吉村さんにも建築にも興味が深まって、勉強しました。吉村さんは著書で、「火と光、空気、風、音、それから植物、それは人間にどうしても必要なものじゃないかと思う」と述べていて、どんな小さい家でもその考えで設計しているんです。

この家も1階に池があって、2階にも反射した水の様子が天井に映るので夏は涼やかです。まわりの植物の水気を含んだ涼しい風もよく通るので、30度を超えるまでは空調設備を使う必要もありません。冬は、障子を開けておけば朝一に部屋の角まで陽の光が入ってきます。そのおかげで日中はずっと暖かく、夕方に障子を閉めれば暖かさが逃げることもありません。

住む前は、夏は暑くて冬は寒いんじゃないかと思っていましたが、全然そんなことはありませんでした。

また、障子を閉めていると、木の影が障子に映ります。その様子が陽の動きに応じて刻々と変わっていくのを見るのもすごく良いです。1階の池も、普段は〝1つ〟なんですけど、溝が隣の窪みに続いていて、大雨が降ると水が溢れて隣に〝第2の池〟ができるんです。季節や天気の変化が考えられていて、そうやって毎日変わる景色を見ては、家族と「綺麗だね」と言いながら過ごしています。

住むことで生活が「家に」馴染んでいく

――住みながら気づいたことがたくさんあるんですね。

住んでいるうちに、「たしかにここにあるべきだな」と気づいたことはたくさんあります。例えばキッチン。天板の下の一部に椅子が入るようになっているんですけど、そうすると自然とここで奥さんが書き物したり、子供が勉強したりするんです。そうなると「ここに照明があると良いよね」って思うじゃないですか。で、周辺をよく見たら「あるじゃん！」って照明の存在に気づいたり（笑）。

キッチンに関しては、住む前に「広過ぎるから改装しよう」という話が出ていたんです。もともとがゲストハウスとしてつくられた家なので、たくさんお客さんが来ても調理ができるように大きかったのですが、このスケール感を使いこなせるイメージが描けなくて。奥さんも、自分だけがキッチンにいて、みんなはリビングで団欒という状態になったら嫌だなという思いを持っていました。

でも、改装をせずそのまま住み始めてみたところ、自然とみんながキッチンに集まるよう

デスク上の棚の中にも、照明が組み込まれている。

プロのシェフを呼んで調理ができるようにとつくられたキッチンは、設備が充実している。

キッチンでは料理だけでなく、子供が宿題をしたり、読書を楽しんだり。1日を通して家族が集まる場所になっている。

24時間生活して
初めて気づける
家の魅力を楽しむ。

月に4日、奥さんはここで料理教室を開いている。つくった料理をみんなで食べながら、お喋りして過ごすという。

になったんです。食事はキッチンにあるテーブルでして、食べ終わればすぐに洗い物もできちゃう。キッチンで本を読むこともあるし、子供の部屋も近いので、朝は奥さんが「起きてるー?」って声がけもできちゃう。ほかにも部屋はあるのに、みんなそれぞれのことをしながらキッチンにいる。そんな状態になっています。

——改装しなかったからこそ、生活に良い変化があったんですね。そういう場所はほかにもありますか?

実は、浴室が夫婦の寝室にあるんですよ。僕の感覚では、子供が思春期になって、親の部屋に入ってお風呂に行くというのはありえないだろう、と思っていました。浴室の場所を移動して大改造しなければ……と頭を抱えていたんですけど、ある人から「そこで育っちゃえばそれが普通になるんじゃない?」と言われて、一回そのまま住んでみるか、と試してみることにしたんです。結果的に、子供が大学生になったいまも、全然大丈夫そうです。時々僕がお風呂から出てきたら、お風呂を待ってたのか、僕の布団で子供が寝ていたりします。

ある状態でずっと暮らしていると、それがその家庭にとっての普通になってしまうようです。

想定していなかった魅力を見つけたり、意図していなかった自然な変化が生まれていることが、引き継いだ家に住んでいる楽しみだと思います。

──「住む家で人生は決まるから」という言葉がきっかけでこの家に住むことになったということでしたが、人生が変わったなと思うことはありますか？

この家に出会ったときは僕らは40歳手前で、明らかに不釣り合いだろうと思っていたんです。だけどいっぽうで、住んでいるうちに、この家に相応しい人間になれたらいいなという考えも抱いていました。いま、11年住んでみて相応しくなったかというと……うーん、どうでしょうか。結局まだまだですね（笑）。

ただ、相応しくなった自信はありませんが、仕事でつくっているレストランは、この家に住む前までにつくったものと、住んでからつくったものでは、全然違うものができています。空間のとらえ方は多少変わったんじゃないかなと思いますね。

──このお住まいも、経営されているレストランも、古い建物を使っています。古い建物を引き継いで使うことの魅力とは、どんなことだと考えていますか？

そうですね。人は、変わっていくじゃないですか。子供が成長したり、夫婦も歳を取っていくし。集めるものも、趣味も変わっていく。進化していくというか。

だけど、新築は買うときにぴったり合わせた家を買いますよね。子供が何歳だからとか、

室内とフラットになるよう設計された庭は、2階なのに、まるで平屋に住んでいるような感覚になれる。

そのときの趣味はこれだから、とか。そうすると、後で変化させにくくなることもあると思うんです。

だからぴったり合わない状態で受け取って、暮らす僕らの変化に応じて家を変えていくほうが、僕の場合はフィットしましたね。とはいっても、この家は変える必要もなくて、僕がやったのは給排水と構造を整えたり、少しだけ建具を変えたりといった、補修的なことだけ。この外壁の白壁も最近やっと全部塗り替えたんですよ。11年間住んでいますが一回も塗り替えていなくて、それまでは買ったときのままでした。

やっぱり、基本はオリジナルを残したいという思いがあるんですよ。オリジナルがあってこそ。もし必要があれば、その部分だけ自分たちの要素を足すという感じです。

引き継いで暮らす家には、実際に住んで、24時間生活をするからこそ気づける魅力があると思う。新築だったら最初からすべてを計算し尽くして、想定どおりのものが完成してしまいますが、ここでは想定していなかった魅力を発見したり、意図していなかった自然な変化が暮らしに生まれます。それが、引き継いだ家に住んでいる楽しみだと思います。

Case 6

移動できる移動しない家

住空間を整えたことで生まれた人生の転機。

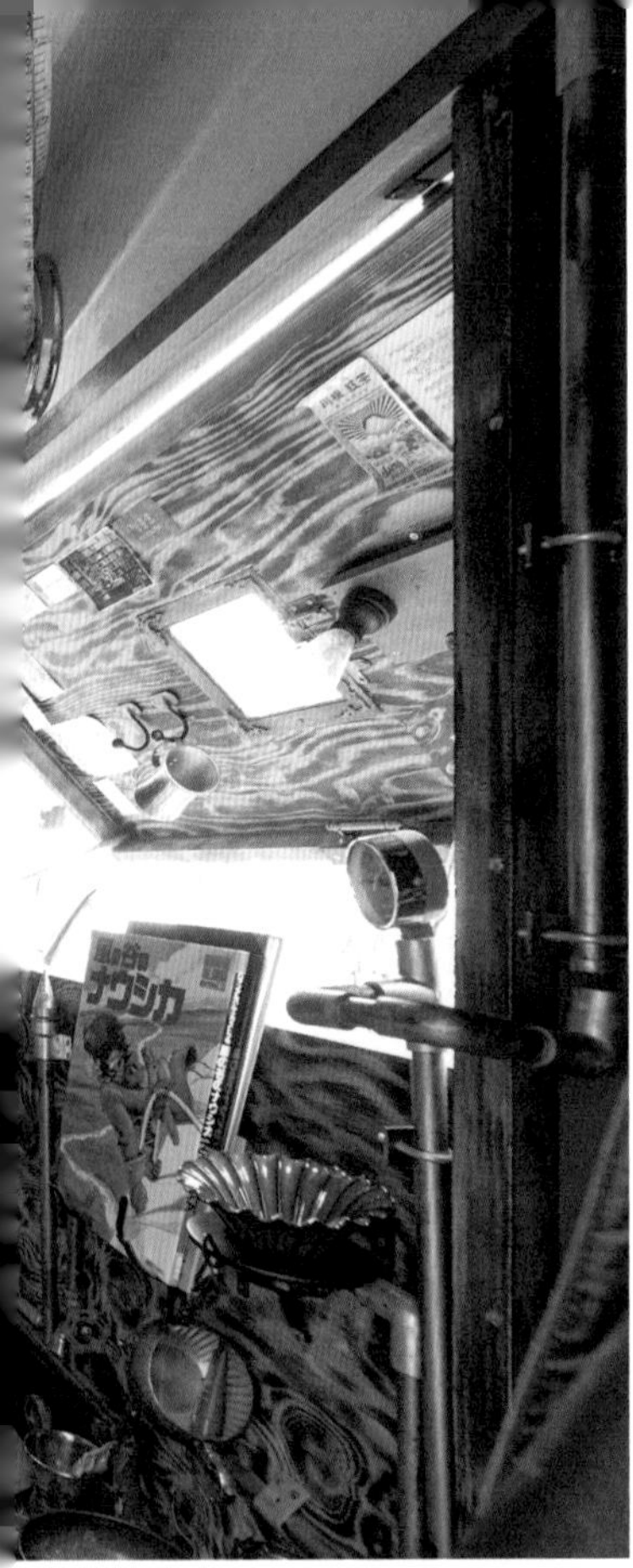

天気がいい日は窓を開けて過ごしたり、モバイルハウスの上に登って、読書をしたり、食事を取ることも。

Introduction

モバイルハウス製作のワークショップに参加して
自分の家を製作したねごろまさきさん。
一般的にモバイルハウスといえば、移動できる家を指し、
トラックの荷台などに小さな家を載せ、移動しながら生活をしますが、
ワークショップでは、移動できる家を製作するだけではなく、
それを使って実際に生活するための、お風呂やキッチンなどの
インフラを整えたステーションと呼ばれる拠点が用意されていました。
ねごろさんは、ステーションの駐車場に、
自分の家であるモバイルハウスを置きながら、
ステーションのお風呂やキッチンを使用して生活しています。

> Data

家族構成 | 一人暮らし（ステーションは最大30人）
所在地 | 東京都世田谷区
竣工年 | 2018年
延床面積 | 5.04㎡
企画設計＆ワークショップ | SAMPO Inc.

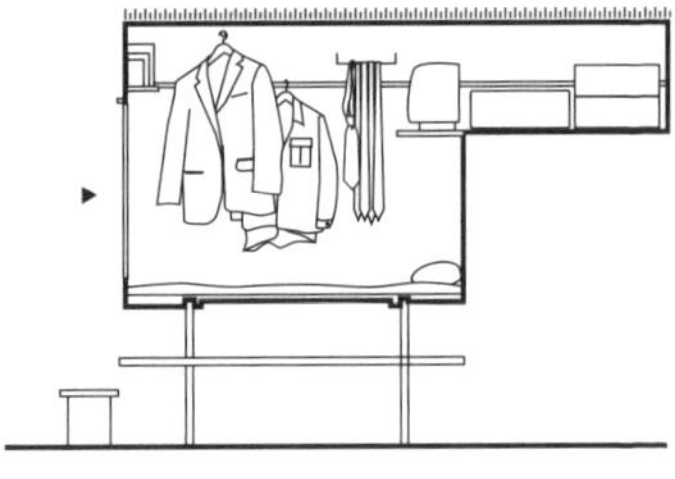

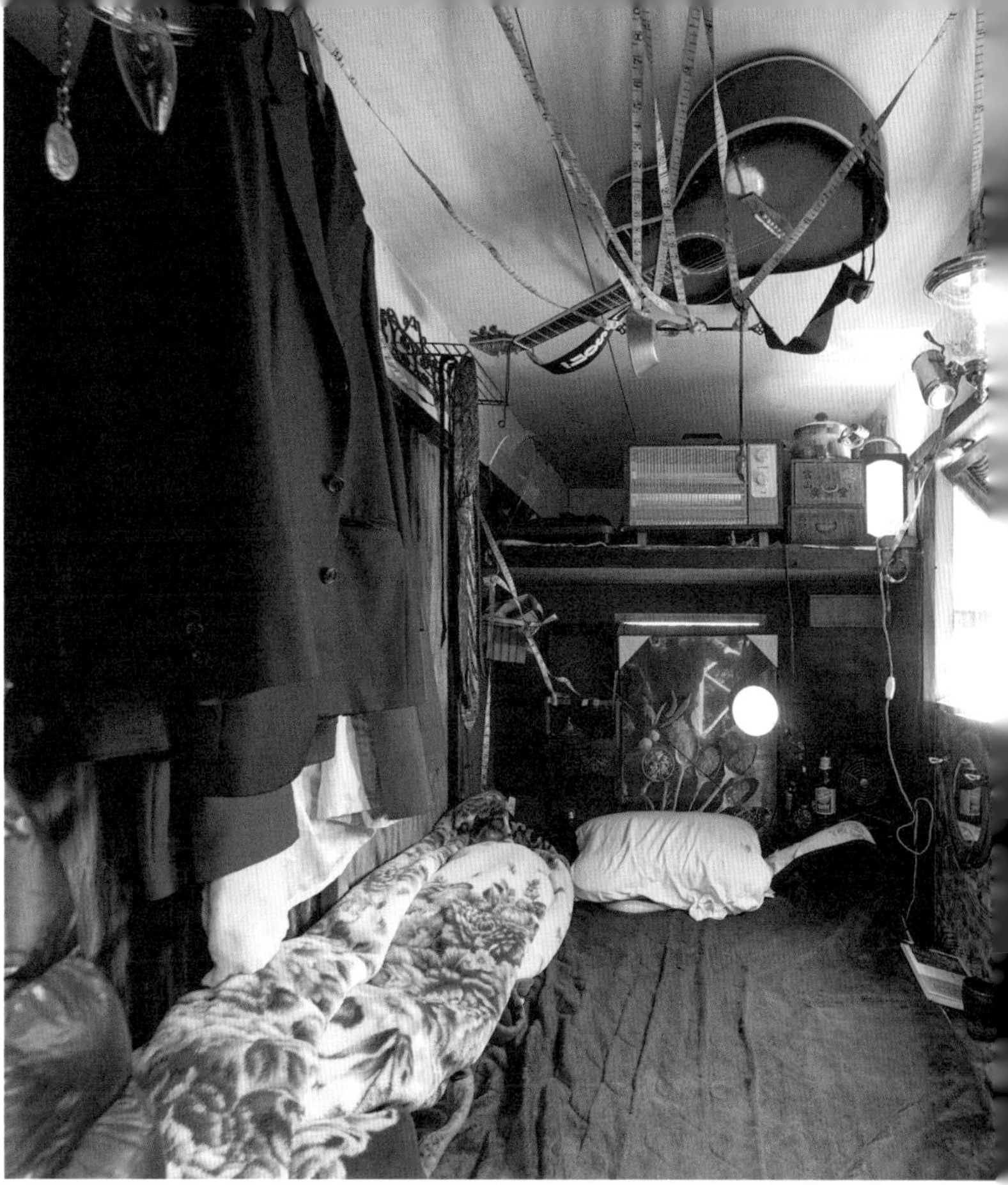

左／ワークショップで製作したモバイルハウス。自分の名前から取り「オルターネゴ」という名前を付けた。　右／生活拠点として借りているステーションの入り口。ピンクの冷蔵庫は宅配ボックス。

レトロフューチャーな世界観に惹かれ、デザインの資料などを見ながらパーツを集めた。

暮らしのなかで住の存在って
大きいじゃないですか。
そこが整うとほかも整うということかもしれません。

住空間から衣・食と広がる暮らしの関心

――モバイルハウスのワークショップはどのように行われたのでしょうか？

1週間泊まり込みでつくったんですけど、手を動かすのは自分なんですよ。最初はそれを知らなくて、つくってもらう前提で参加したんですけど、説明を受けて「えーっ自分でつくるんだ！」と驚きました。それまでは、家は自分でつくれるものではないという感覚だったけど、「たしかに自分でつくれるよな」と。いままで疑ってこなかった「与えられるだけの家」に目を向けられた気がしましたね。

ワークショップも4日目になると箱は完成して、内装づくりに入っていきます。仕上げていくためには、どんなパーツや素材にするかを決めなくてはいけないんですが、そんなときに、ワークショップを企画してるメンバーから「何が好きなん？」って聞かれたんですよ。人生を問われているような感覚がして、そのときに自分のルーツをめちゃくちゃたどりましたね。人間形成に大きな影響を与えられた気がします。

——家づくりが人生観に大きな影響を与えたということですか？

そうですね。それからは、「自分はこうしたいんだ」ということを、住に限らず、ちゃんと考えるようになりました。それまではふわっと考えることはあったとしても、自分がなんでそれを好きなのかまでは説明することができなかったので。

暮らしのなかで住の存在って大きいじゃないですか。そこが整うとほかも整うということかもしれません。だから、いちばんお金を使うものなんだろうなとも思うのですが、僕の場合は最小サイズの家から始められたのも良かった。自分の足るを知れたという意味でも。住についての足るを知ったことから、食とか音とか衣にもその意識が広がって、簡単に自分が思うものをつかむことができるようになりました。この家づくりで住を見直した後に、食の仕事に就いたんですよ。いまはカフェの店長として、食と場の探求をしています。お店に服の価値観や世界観に芯のある子がいて、そのスタッフに感銘を受けて、服を機能性だけではなく歴史や文化も含めて吟味しようと思うようになりました。それからは、着る服がガラリと変わりました。ほかにも、音楽や本も。暮らしにまつわるいろいろなものを整えることができた気がします。本当に、住からの影響が凄まじい。

自分がそういった経験をしたいまは、衣と食にはこだわっているけど、住は他人に委託している人が多い世の中に疑問を抱いています。

狭いからこそ、本当に自分に必要な物だけが残っていく。自分が本当に着たい服も見直され、必要最低限しか持たない。

左、右／壁に使っている木材は、木そのままの良さを最大限に楽しむため、炙って木目を際立たせた。同じように、壁に這わせているパイプも炙って使い込んだ雰囲気に。

移動しない、一生モノではない、モバイルハウス

――ワークショップの経験が、暮らし全体に影響を及ぼしたんですね。でも、そもそもなぜモバイルハウスをつくろうと思ったのでしょうか？

旅好きだったので、「家を持って旅ができたらいちばん良いじゃん」と考えて、モバイルハウスを探していたら、このワークショップの存在を知ったんです。だから最初は生活インフラであるステーションは使わず、移動する暮らしをしていました。実家が山口県なんですけど、東京都から山口県まで移動しながら。でも、一度やってみたときに「家は動かしちゃダメだ」と考えるようになりました。

刺激を求めてとか、アウェー感を楽しむのが旅だと思っているんですけど、家ってその対極じゃないですか。安心感とか。それを一緒にしたときに、これは違うなって思ったんです。

あとは、法律が追いついていないですよね。このモバイルハウスは、軽トラに載っているときは積載物扱いになるので、家として認められていないものを家として利用しているこ

一人で生きていけないことの象徴がモバイルハウスだと感じています。

とに、なんとなく違和感を持ったんですよね。オフグリッドと言いつつ、公共の場を使わないと成立しないというのもなんか違うと感じました。つねにまわりのことを気にしながら住んでいるという感覚もあって、家はやっぱり定住させたほうがいいなと思って、それからはステーションを使うことにしました。

――移動したくてモバイルハウスをつくったのに、家は移動させせちゃダメだという結論に至ったというのは、意外でした。ステーションを使うようになってからの暮らしはいかがですか？

そうですね。ステーションは共有だとはいえ、モバイルハウスという自分だけの場所があると思うと自由でいられる部分もありますし、モバイルハウスは動かすと棚の上の本とかポロポロ落ちるので、動かさないほうが内装の自由度も上がりました（笑）。あとは、いま借りているステーション以外にもいくつかステーションは用意されていて、ほかも回ったんですが、ここがいちばんコミュニケーションが生まれる感じがあって良かったです。ここは、僕以外は普通のシェアハウスとして使っている場所なんですよ。なので、基本はステーション側にみんながいるので、トイレに行くだけでも誰かと顔を合わせます。そうすると生活のなかに誰かと関わる瞬間が必ずある。一人では生きていけないことの象徴がモバイルハウスだと感じているので、コミュニケーションありきのこの生活は気に入っています。

朝ごはんは、天気が良かったらこの家の上に登って食べることもありますが、ステーションのリビングにいることも多いです。夜もステーションの人と一緒に料理したり、ゲームしたり。暮らしがめちゃめちゃ充実していて、外的刺激を必要としていないというか、いまは旅もあんまり行きたいって気にならないですね。

——今後の暮らしのイメージはありますか？

いまの暮らしに満足していますが、それは僕一人だからとは思っていて、家族とか誰かと一緒に住むとなった時には、この家ではダメだなと思っています。一生モノの家ではない、という感覚はあります。

でも、もともとこのモバイルハウスには「モバイルセル」という名称があって、細胞という意味なんですが、もはや自分の一部というか、本当に自分の細胞という意識があって、手放すとなったら超辛い……。思い入れがあるので、すごく。ここに置いてあるものには全部何かしらのエピソードがあるんですよ。だから違う家に住むことになっても、この家のどこかしらのパーツは持っていきたいなと思っています。

この空間にはエアコンが存在しないため、夏はかなり暑く、冬は寒い。それでも、自分が好きだと思える物しか置かないほうが居心地がいいという。

モバイルハウスが
生まれた、
自由が集う工場。

この場所に、箱の原型となる合板などが用意された状態でワークショップはスタートする。

上、下／モバイルハウスをつくるワークショップを開催している集団「SAMPO Inc.」の工場。

工場はできあがったモバイルハウスの、生活拠点のひとつとしても使われる場所のため、キッチンやシャワールームなども用意されている。

Case 5 引き継いだ家

熊澤茂吉さん

吉村順三・住宅作法

吉村順三、中村好文 著
世界文化社 ※版元品切れ

建築家・吉村順三と中村好文の対談集。いまの家を手に入れてから、何度となく読み返している本です。建築にとどまらず、吉村の仕事観、価値観や人生観などに共感でき、とても影響を受けています。

Case 6 移動できる移動しない家

ねごろまさきさん

アイシールド21
全37巻

稲垣理一郎、村田雄介 著
集英社 390円+税

アメフト漫画。中高時代に読み、人格形成に多大な影響を受けた。進学、就職、あらゆる人生の岐路において、社会のなかでどういう存在になれるのか「最善の一手」を考えて判断するきっかけに。

Case 7 撮影スタジオな家

三浦淳さん

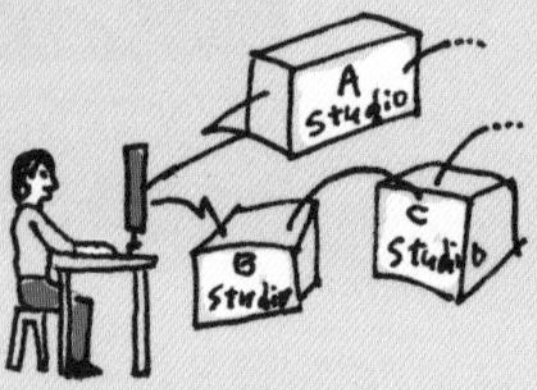

[R] studio
ウェブサイト

www.rstudio.co.jp

参考にした本はなかったです(笑)。そもそも、ハウススタジオみたいな空間に住んだら面白いんじゃないかと思ったのが始まりだったので、たくさんのハウススタジオのサイトを参考にしました。

Case 8 家づくり自体が目的の家

西村周治さん

TOKYO 0円ハウス 0円生活

坂口恭平 著
大和書房 1,500円+税 ※品切れ
(文庫版・電子書籍版が河出書房新社より発売)

路上生活の達人とブルーシートハウスに密着した本。いまは食洗機やエアコンなど文明の力に頼っているけど、本当は掘っ建て小屋でいい。ホームレスになりたい……家族がいるのにやばい(笑)。

Column 3

みんなの参考書

家づくりで参考になった本はありますか？
実用書から考えのきっかけになった一冊まで。

Case 1　自給自足な家

舛本佳奈子さん

これからのリノベーション
断熱・気密編
伊藤菜衣子、竹内昌義、松尾和也 著
新建ハウジング　1,900円＋税

断熱・気密を重視した家づくりを、事例を参考に学べる。もらった廃材マットレスを使って断熱ができないかと考えていた頃、この本に出会い、理屈がわかりやすくて、応用しやすかったです。

Case 2　シェアオフィスを併設した家

吉田あいさん

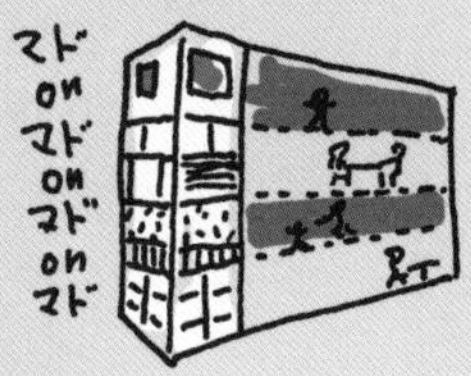

WindowScape
窓のふるまい学
東京工業大学 塚本由晴研究室 編
フィルムアート社　3,500円＋税

世界28ヶ国の窓辺を調査し、写真と寸法入りスケッチで解説。自宅の南側は、窓辺が縦に積まれたタワーと考えて、これをファサードに。窓を空間としてとらえる窓辺の考え方の参考になりました。

Case 3　生活を削ぎ落とした家

ジブさん

Nothing

デザインの本も雑誌も見ません。見たいのは現場。トイレにドアを付けるとき、どういう工程でつくればチリなしの壁がつくれるか。そんなことがすごく気になるんです（笑）。

Case 4　蓄えられた家

石田勇介さん

デザインの現場
ヨーロッパ｜デザインの日常系
1998年10月 No.99
美術出版社　1,800円＋税

ロンドンの日常デザイン特集号。人生を変えた、いまの自分を作った一冊。金のない時代に2千円弱も出して特集に惹かれて買った。後半のドローグの紹介を見たことが、家具に目覚めるきっかけに。

Case
7
──
撮影スタジオな家

「お金を払ってでも使いたい」
自分のつくった空間の
クオリティを実感できる仕組み。

左／自分の家が載った雑誌などは、すべて自分で購入している。スタジオの営業ツールとしても使えるという。　右／寿司店やマッサージ店、キャバクラなどがテナントとして入る雑居ビルの中に家がある。

Introduction

一人暮らしの自宅を撮影スタジオとして
貸し出している三浦淳さん。
場所は、最寄りの駅から1分もかからない
雑居ビルのワンフロア。
下のフロアには飲食店や夜型営業の店舗も入っており、
一般的なマンションよりも
音や搬入時のばたつきに対して寛容で、
スタジオ営業を始めるのに条件が揃った物件でした。

撮影でいちばん重宝されるのは、白いソファなんだとか。

> Data

家族構成 I 一人暮らし
所在地 I 東京都台東区
竣工年 I 1988年
改修年 I 2012〜2017年
専有面積 I 88㎡

インテリアを商売にする方法

――自分の家を撮影スタジオとして貸し始めた理由はなんだったのでしょうか？

当初やりたかったのは、広い部屋に住んで好きな家具を置いて、DIYをしながら楽しく暮らすことでした。でも広いと家賃が高くなる。ならばいっそのこと、撮影スペースとして貸し出せるくらいの広さとインテリアの完成度にすれば、収入を生んで、経済的に成り立つかもしれない、と思ったのがきっかけです。

でも、本当にうまくいくか不安もあったので、まったくスタジオ収入を得られなくても家賃を支払えるギリギリのサイズの部屋を借りました。それでも、一人で普通に住むには充分過ぎるくらい広くて、見た目も一般の家とは違うものができたので、頻繁に人を招いたりして楽しんでいます。来た人も喜んでくれるし、それはこういう家にしたからこそのものだなと思っています。

あとは、自分が整えたインテリア空間を、お金を払ってでも使ってくれる人がいるというのは、単純に嬉しいですね。ちゃんと他人の目が入って、ビジネスに使いたいと思っても

自分が整えたインテリア空間を、
お金を払ってでも使ってくれる人がいるのは
単純に嬉しいですね。

らえるクオリティに達しているってことじゃないですか。
もともと僕は建築を勉強していて、設計やデザインを仕事にしたいと思っていたこともありました。でも、学校で設計課題に取り組むときに、自分の想いばかりが先行して、与条件をないがしろにしてしまうことが多かった（笑）。きっと現実の仕事でも自分とクライアントの折り合いをつけるのがうまくできないのではないかと思い、設計やデザインの道を選ぶことはしませんでした。でも、インテリアが好きだという思いはやっぱりある。それで、自分の好きなようにつくった空間を気に入って使ってくれる人から報酬を得る、スタジオ貸しという商売ならできるかなと思いました。それに、インテリアはお金のかかる趣味なので、それ自体で収入を生むことは、経済的負担をミニマイズしながら存分にインテリアを楽しむことのできる、合理的なスタイルかなと思います。

――スタジオ貸しをされていて、実際撮影に立ち会ったことはありますか？

ありますよ。とくに最初はもう、見たいじゃないですか。テレビや雑誌の撮影現場って、どんな人たちが来て、どんな雰囲気なんだろうって。だから結構立ち会っていました。でも実際有名人が来ると〝自分、プロのスタジオオーナーなんで、モデルや芸能人くらい珍しくもありませんけどー〟風に振る舞いたくなってしまって、一緒に写真撮らせてくださ

リビングの床は土足利用の足場板。お風呂上がりは素足で過ごせるよう、フローリングの小上がりもつくった。

床や建具、家具に使った塗料たち。

自分で手を動かしてつくれば、“ありふれた”インテリアにも個性が表れる。

壁も床も建具も家具も、思い入れのない場所はないくらい、家中自分で手を加えてつくり上げていった。

DIYの道具置き場。撮影で貸しているときは、この場所が休憩スペースにもなっている。

いとか言えない（笑）。結局サインももらったことないです。最近は時間も取られるし、滅多に有名人が来るわけでもないので立ち会っていません。

カッコつけていない場所を残すことで「言い訳」が用意される

――撮影スタジオとして貸し出しているリビングはつくり込まれているいっぽう、奥の部屋は借りた当時の状態から何も手を付けていないんですね。

何もしていないですね。後回しにしていつかやろうと思ってはいたんですが、そのままです。でも、寝室を変えないことで、「この人、普通の人だな」って思われるというか、思われたいというか。スタジオとして使っているリビングのようなクオリティで寝室もすべて整えていたら、引いちゃいませんか？　「ここにカバン置いたら怒られるかも」とか思われてしまいそう（笑）。結果的にですけど、寝室はあえてそのままにしています。スタジオ貸しの部屋は、「どこを撮っても大丈夫」という状態にしないといけないじゃないですか。でも現実は見栄えの良い物ばかりじゃない。寝室には、そういう物を置く場所

入居したときのまま手付かずの寝室。懐かしさを感じる壁紙は、もともとはリビングにも使われていたという。

という重要な役割があります。
好きな物を集めるだけで自然にハイセンスな空間ができあがる人もいますけど、自分はカッコよくしようと意識してやらないとできない。例えばこのテーブルの上の多肉植物も、もちろん好きで揃えているんですが、こういう物が置いてあったほうがいいんだろうなって、世の中の流行や空気を踏まえて、頭で考えて揃えているところもあります。

——でも、このスタジオとして貸し出しているリビングの雰囲気が、自分の好みであることは間違いないですよね？

それは間違いないです。でも、本来は自分の部屋なんだから自分が居心地よければいいはずなのに、他人の目が入ることが前提になってしまってはいます。

——先ほど「好きな物を集めるだけで自然にハイセンスな空間ができあがる人もいる」と言っていましたが、そういう人に対して憧れはありますか？

憧れはありますね。でもそういう人たちって、スタイルがあることで成り立っているじゃないですか。例えば音楽とか旅行とか、滲み出るその人のバックグラウンドが、インテリ

何も手を加えていない部屋があることで「この人、普通の人だな」って思われるというか、思われたいというか。

アに表れてくる。自分のなかにはそこまでのバックグラウンドはないと思うので。だから〝頑張ってやっている〟感を自分で感じてしまったりもするんです。他人の目を気にしまくってるんじゃないかって。

――つまり寝室は、「頑張っていない」を主張する空間なんですね。

他人の目なんか気にしないで自分の好きなスタイルで暮らしていて、でもそれが他人から見たらすごくカッコいい。というのが本来ありたい姿です。でも現実はそうはいかないから、必死にカッコつけている。それって、見る人が見たらわかっちゃうと思うんです。それが他人に伝わってしまうのはすごく恥ずかしいし、自然体でいたいと思う気持ちもあるので、寝室が手を加えていない状態で残っているのは、僕のなかでちょうどよいのかもしれません。

以前、部屋に遊びに来た友人から「意識高いよね」って言われたときに「いや、別に……ただ商売でやってることだから」って返したんです。「その証拠に、撮影に使わない寝室は普通でしょ?」って。でも実際には、頑張ってつくった空間のクオリティを認めてもらいたいと思っている自分もいる。要するに、SNSで素敵な自分をアピールしたいのに、あえて〝素敵過ぎない写真〟も載せる人、みたいなものですよね。屈折してますね(笑)。

Case 8

家づくり自体が目的の家

鳥が巣をつくるように
本能に忠実になって
得たのは「生きがい」。

Introduction

ボロボロの家を買っては改装し、住みながらもいじり、
次の家を見つけたらまた買って改装して引っ越す。
そんな生活を送る西村周治さん。
以前は建築設計業務に携わっており、
今は不動産仲介を仕事にしています。
取材時も家づくりが進行中で、「いま住んでいる自分で改装した家」と、
「これから住む改装途中の家」の両方にお邪魔しました。

左、右／まだ手が付けられていないドアや外壁。どれほど朽ちていたかがうかがえる。まわりには放置された家財や建材などが散乱している。

これから住む予定の改装中の家。「古家付き土地」という、経済的にほぼ価値のない住宅が建つ土地として購入しており、リノベーションというよりはほぼつくり直している。

> Data

家族構成 | 夫婦＋子供二人
所在地 | 兵庫県神戸市
竣工年 | 1975年
改修年 | 2018年
延床面積 | 120㎡
敷地面積 | 130㎡
※図は今住んでいる家の間取り

気負わずに、遊ぶ感覚でつくる家

——西村さんはこれまでも、古い家を買っては改装してを繰り返し、住み替えてきたそうですね。住むために家づくりをしているというよりも、家づくりをすること自体が目的といった印象を受けます。

そうなんです、家づくり自体が好きですね。廃屋がそこにあるから改装する！みたいな。出会った物件のなかでいちばん安いものを購入して、自分が住みながら加工して、みんなに見えるかたちで面白さが体現できたら次の家に引っ越す。それを繰り返しています。

——廃屋が好きなんですか？

好きですね。ネイチャーとそうじゃない人工的な部分の中間的な存在だと感じています。朽ち果てるギリギリという状態に面白みを感じますね。

家づくり自体が好きですね。
廃屋がそこにあるから改装する！みたいな。

――いくつもの廃屋を改装するだけでなく、その家に自ら住んでみるというのがユニークです。

住むとその家や地域のことがいろいろわかるので。そもそも、住みたいという気持ちもあります。いろんなところに住みたい欲と、改装をしたい欲と、どちらもあるんですよ。

――「いろんなところに住むこと」と「改装すること」を両立して実現し続けている人は、少ないと思います。

鳥って自分で巣をつくるじゃないですか。多分人間にも本能的に「巣をつくりたい」という欲求が残っていると思うんです。僕はそれに従っているだけなので、そんなに特殊な欲だとは思っていません。

――実際の家づくりはどうやって進めるのでしょうか？

アドリブですかね。まわりにたまたまいた人、その土地で関わった人たちとつくっています。鉄職人がいたらその人に窓をつくってもらったり、仕事を探している人がいたら手伝っ

彫刻家が酒樽を材料につくったというキッチン台。西村さんは何も指示しなかったという。

薪ストーブの燃料には、廃材を使うこともある。

いろんな人からもらう
“ゴミ”を使って
生まれたインテリア。

ソファの後ろの壁は、もともと襖で開いていたところを、もらった余り物のフローリングで塞いだもの。

食器棚もすべてもらい物。いろいろな場所でもらった物を使っているのでサイズは揃っていない。

次に住む家が整い次第、
引っ越しをするため、この家
で過ごすのもあと数ヶ月。

壁一面の窓から山と海が見渡せる。この風景が決め手となって、この家を買うことになった。

てもらったり。そこにいた人たちがどんな人かでできるものが変わります。適当にわーってつくるので、自分の考えているものとは全然違うものができることもあります。でも、それはもうやり直しません。できたものがそのときのベストだと思ってやっています。いま住んでいる家をつくったときには、たまたま手元に酒樽があったので、そのときに手伝ってくれていた彫刻家が「僕つくるわー」と言って、それを使ってキッチンをつくってくれたり。これは僕は何の指示も希望も出していないですね。

大量に出るゴミへの違和感。自然なあり方で家づくり

——その酒樽は廃棄される予定のものだったそうですね。西村さんは、いろんな廃材や不用品を集めて改装の材料にしているのですか?

まわりの人たちに「あいつなら喜ぶやろうな」と思われているので、いろんな物をもらうんですよ。「工場を引き揚げるから、この中の物を引き取って空にしてくれ」とか。ちょうど昨日も、引っ越し予定の人に「全部家具あげるから持って帰ってください」って言われたり。

――まわりの人たちの不用品を全部引き取っているんですか？

気に入らない物もめっちゃあります。どうすんねん！という物も溜まっているので、とりあえず改装途中の家や倉庫に置いていますね。

ゴミの処分代って、どんどん上がっているじゃないですか。世の中はゴミを受け付けたくないという状況になっている。だけど出る。だったらもらっておこうかなって。

――廃屋好きとゴミを回収することは何かしら関係しているのでしょうか？

昔、ハウスメーカーで新築を設計していたことがあるんですが、すごい資源を消費している感じがしたんですよ。めちゃくちゃゴミ出るし。住む人も「絶対これがいい」というのでもなさそうななか、なんとなく建てているんですけど、なんとなくで使う予算とエネルギーじゃないよなぁ、と思って。それと対極のところに行きたいなと思いました。いま、僕が住んでいるこの地域には、古い家を無理やり直して住んでいる地元の人がいっぱいいて、そういう家づくりのほうが自然な感じがします。無駄がないというか。

不自然が嫌いなんですよ。自然な感じが好きで。じゃあ何が自然？という疑問もあるんですけど、当たり前のことが当たり前にできているというのが、自然で好きですね。

上／畑をつくる予定の空き地。うまく育つようになるまで、次の家には数年は住みたいと考えている。　下／車も知り合いから譲り受けたもの。家づくりで遠くに行くこともあるため、車中で寝られるよう、布団が敷けるようにした。

家づくりで共有されているのは大まかな間取り図のみ。どんな姿になるのか、完成するまでは誰にもわからない。

自分が住む家を自分でつくるのは鳥と一緒です。自然ですね。

――自分でつくりたいという欲も、それが自然だから？

そうですね。自分が住む家を自分でつくるのは鳥と一緒です。自然ですね。

――いまつくっている家ではどんな生活をする予定ですか？

近くに空き地も買ったんですけど、そこにジャガイモ畑をつくろうと思っています。食も自分で賄えたら面白いなって。だから、普段は1年住めばもう次の家、となるんですが、今度の家には何年か住む予定です。やっぱり農業は時間がかかるものだと思うので。土ができるまで。

――内装はフルにつくり直し、大きな開口部を設けてサッシをつけたり、屋根もかけ直していますよね。ここまでいくともはやセルフリノベの域を超えています。

自分でも、いままでの家のなかでいちばん手をかけたなと思っています。この家が完成したら、今後なんでもつくれるだろうなって。

マイホームを
つくる

既成の枠にはまらない家にするとき
立ちはだかるのが現実の壁。
どんなプロセスで家づくりが進められたのか。
発想の転換で乗り越えた3つの事例を
お金・パートナー・時間のテーマに分けて紹介します。

toolboxのウェブサイト「事例 Pin-up」より

Theme 1 ｜ お金

自宅ではない用途を加えることで、邸宅を手に入れる

鎌倉最古の神社「甘縄神明宮」に隣接し、界隈には「川端康成記念館」や趣ある洋館などが立ち並ぶ、文化的な魅力が感じられる土地の一画に、この家はあります。

威厳のある数寄屋門をくぐり抜けた先にあるのは、広い庭と瓦葺きの大きな家。築80年の古民家を、2年かけてフルリノベーションした空間が広がります。

購入当時は、数年間人の手が入らず放置された状態で、廃墟同然の姿だったそう。そもそも断熱や防音性に乏しい古民家。さらにこれだけ古く、敷地もおよそ136坪と広いため、土地代も含めると、改装して住めるようにするにはかなりのコストがかかります。それでも「自分が買わないといつか取り壊され

3

1

4

2

てしまう。どうしても生かしたい」と、購入を決意。当初は、鎌倉に住みたいと考えていた自分たちの住居と、自分たちのように鎌倉に惹かれて訪れる人たちのためにカフェを作りたいと考えていました。しかし、それだけでは建物規模的に再生費用の融資の借り入れが難しかった。そこで導き出したのが、「シェアハウス」を始めることでした。事業として成立する計画を描くことで、銀行から融資を受けることができました。

費用が足りないから「手に入れたい家を諦める」という選択をすることなく、多数の用途を設けるという発想の切り替えによって、夫婦の住居とオフィス、カフェ、シェアハウスを手に入れました。

1／休日はカフェ。平日は住人がくつろぐ場所。 2／シェアハウスの個室にも、ヴィンテージ家具は備え付け。 3／タイルとティンパネルを組み合わせた壁。 4／床に使われているのは、アメリカの工場で100年以上使い込まれた床板。 5／オークの板材とヴィンテージ壁紙で囲まれた空間。 6／オフィスは籠り感のある内装。 7／庭を見下ろせるテラス席。

> Data

家族構成｜夫婦（シェアハウスの住人最大8人）
所在地｜神奈川県鎌倉市
竣工年｜不明（築80年以上）
敷地面積｜450㎡

こうして得た家に、住み手は居心地の良さも求めました。アメリカで100年以上使われていた床材で覆った柱や壁。北欧のデザイナーズ家具にヴィンテージ照明。〝偽物〟は一切置かず、釘一本に到るまでこだわり抜いた、家主のセンスと愛情が詰め込まれています。

Theme 2 ｜ パートナー

チームだからこそ
生まれてしまう
「予想外」さえも楽しむ

古い長屋が軒を連ね、昔からの姿をそのままに残したような店がポツポツと立ち並ぶ通りに現れる、一面ガラス張りの家。4軒長屋の中2軒をつなげ、ひと空間に。1階のうち手前の半分は仕事場で、リースと販売用のグリーンで覆い尽くされていて、奥半分と2階がプライベートゾーンになっています。

家づくりは、構造計画は設計士にお願いしつつ、アイデアは住み手が出し、大工と二人三脚のようなかたちで行われました。特徴的なファサードには、実家で40年も使われていなかった温室を解体したときに出たパーツを使い、仕事場とプライベートを分ける間仕切りには、普段は屋根に使われる折半板という半透明の樹脂素材が選ばれ

ています。要望のアイデアを空間に取り入れてもらうため、住み手は現場にも頻繁に通い、大工との交流を深めました。

それでも、時には指定したものと違うものが使われてしまうこともあったといいます。

「最初から100%自分の理想通りになるのは難しいと思っているんですよ。チームでつくっているものなので。でも、これはこれでいいんじゃないか?ってポジティブに切り替えます。予想外なことも好きなんですよ。どうしても直したいところは自分で手を加えればいいし。」

トイレのドアはイメージと違うものが使われていたため、自分で左官を施したそう。

どうしても譲れないことは伝えつつ、自分とは違う能力を持

つ他人を尊重しながら、予定通りにいかないことさえも楽しんだようです。

唯一譲れなかったのは、明かりを採り込む「温室」というテーマ。このこだわりが守られた結果、日中はグリーンのあいだから差し込む光が気持ち良く、空間を照らし出しています。

1/折半板のひだが、カーテンのドレープのよう。2/4軒長屋のうち2軒をつなげた。 3/40年使われていなかった温室の扉を再利用したファサード。 4/提灯をイメージした畳める照明。 5/いずれ手を加えることを予定して、合板のままでとどめてもらった壁。 6/折半板の開閉は跳ね上げ式。 7/余ったステンレスでつくった、極小の手洗い器。

> Data

家族構成|一人暮らし
所在地|東京都墨田区
竣工年|不明
延床面積|82㎡

Theme 3 | 時間

急ぐことをやめ
「間に合わせない」を
選択

スーパーに飲食店、衣料品店に理髪店。暮らしに必要な店が集まり、人の活気に溢れるアーケード商店街。そこに、このマンションはあります。

この家に住む夫妻は、「本業は別に持ちつつも、商いをしながら暮らしていける場所が欲しい」と考え、マンションの3階の一室を住居とし、同じマンションの1階を商いの場所として、セットで借りることでその夢を実現させました。

住居側は工事途中のように見えるこの家。事実、現在も家づくりが続いています。

当初は完成してから引っ越しをする予定でしたが、前に住んでいた家の解約期日が先にきてしまったため、工事途中の家に住むことに。数週間は、キッチ

1

2

3

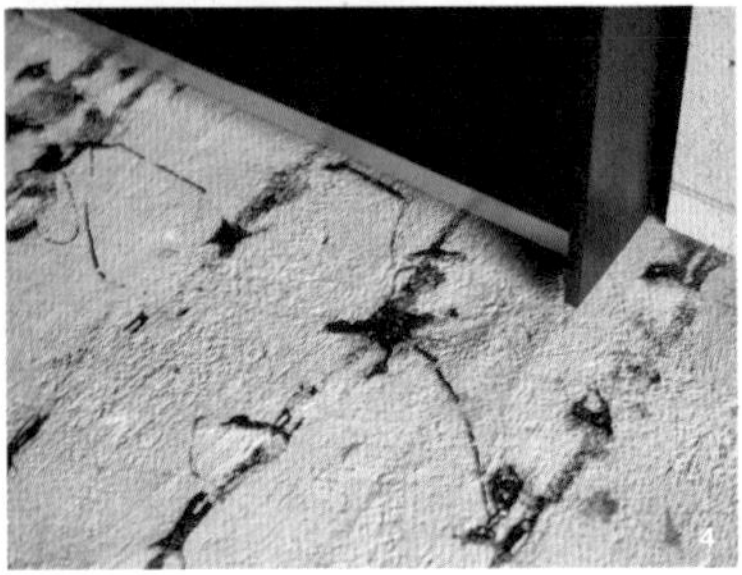
4

ンもお風呂も間に合わず、職人と一緒に暮らしているような状況だったそう。しかし、工事中に住んだことで得たものも多くありました。ラグやソファなどの家具や生活家電など、普通は工事をするときにはないものが先に置いてあることで、リアルな暮らしを体験しながら自分好みの内装仕上げを決めることができました。例えばソファ。選んだ緑が、既存の襖の柄の色と相性が良かったので、襖はそのまま残すことに。キッチンも床の黒いノリ跡にあわせて、住んでから2週間後に黒く塗装。何より、無理に急ぐ必要がなくなり、徐々に自分の暮らしに馴染むものがつくれたといいます。今後も壁の塗装やキッチン前のタイル貼りなど、手を加えてい

6

5

7

く予定です。
夫婦の夢だった商いスペースでは、商品を販売したり、貸しスペースとしてイベントが行われています。商店街に訪れる様々な客層の人が集まり、インタビュー中も、時々お店を覗きにくる近所の方と楽しそうに話している姿が印象的でした。

1／川沿いにある10㎡ほどの商いスペース。 2／住居スペースの下駄箱と作業デスクも自分たちで製作。 3／とりあえずの汚れ防止に、防炎素材のシートが貼り付けられている。 4／フローリングを剥がして現れた黒いノリ跡。5／洗面スペースはマットなグレーに塗装。 6／キッチンよりも前から用意されていたソファ。 7／構造がむき出しの床では、水やりも気にせずできる。

＞Data
家族構成｜夫婦
所在地｜神奈川県横浜市
竣工年｜1980年
専有面積｜43.6㎡

インタビューを振り返って

馬場正尊

未来を予感させる変態たちの家

toolboxのメンバーは、ユニークで魅力的な住まいをつくることをサポートするのが仕事だ。だからいつも家について考えている。そして、自分の暮らし方について敏感で、真摯に向き合おうとしている人に、日々たくさん出会うことができる。

そんな幸せな環境のなか、どうしてこの8組をインタビューしようと思ったのか。そこにはっきりとした基準はない。あえて直感を大切にした。結果的に、一見脈略がないが、いずれも何かしらの未来を予感させる「変態たち」の家が集まった。歴史を見るとつねにそうだけれど、変革者の行動は時に極端だったり、奇異に見えたりするものだ。

取材を終えて、私たちが彼らから何を感じ取り、そこにどんな未来を見たのか。少しでも整理してみよう。

経済資本から関係資本へ

かつて、土地は資産だった。放っておいても土地の価値は上がり、利率の良い貯金のようにも感じられていた。しかしいま、地方都市の多くの土地の値段は下がり続け、解体費や固定資産税などを入れるとマイナスになる場合も少なくない。そんな状況だから現在、タダでもいいから引き取ってくれ、という土地や家が大量に生まれている。

神戸の「家づくり自体が目的の家」（Ｐ１３６）は、それが廃屋に近い物体だとしても土地込みで値段は１００万円。沼津の「自給自足な家」（Ｐ22）に至っては、ただのような値段で借りている。横に止まっているバスバー（バーに改造したバス）も、継承してくれるならということで前の持ち主から譲り受けたものだ。移動費用はクラウドファンディングで募り、この暮らし方に共感する人たちからのサポートを受けた。家の金銭的価値がなくなっているいっぽうで、それらの家を譲り受けるまでの人間関係、住めるようになるまで一緒につくるプロセスなど、貨幣以外のものに対して、膨大な時間が注がれ、丁寧に価値づけられている。その付き合い方を見ていると、時間や関係性といったものが資本としてとらえられているのだと感じる。

所有から共有へ

「シェアオフィスを併設した家」（Ｐ42）は、相互に適度な距離感をとりながら、他者のノイズを自分の暮らしのなかに紛れ込ませている。家族の概念が拡張し、血縁だけをそう呼ぶ時代はすでに終わっているのかもしれない。彼らの暮らし方からは、その萌芽が見え隠れしている。誰と一緒に、どんなふうに住むかという選択肢はもはや無限にある。一人暮らし率が30％を超えるいまの日本において、その可能性は今後も拡張していくのが必然だ。

２０１１年3月11日に発生した東日本大震災の体験も、家や住むことに対する考え方を大きく変えたと思う。信じきっていた社会システムやインフラは、それほど盤石なものではなかった。同時に、都会のなかでアノニマスな個人となって暮らすことに対する気楽さがじつはリスクを内包しているということも再認識させられた。

かつては家の所有そのものがゴールのように設定されていたが、それは自分の未来を何ら担保するわけではないということに気がつき始めている。空間に染み付く個人的な記憶や物語に、大切な何かを見出しているとも言えるかもしれない。均質で便利で思い入れのないモノは、誰かと共有すればいい。その共有を介して生まれる関係を、より大切にしたりする。その場合、家は人生のある時期を彩る舞台装置のようなものだ。

偏執の先の美しさ

美しいと思う風景も変化している。止むに止まれぬものを覆い隠さずに、自分の美的表現にまで昇華している人たちの家を見て、そんなことを思った。

「蓄えられた家」（P72）には、どこからか拾ってきたり、かき集められた物たちが、家中に一見無秩序に存在している。しかし彼にとってはすべて、しかるべき場所に収まっているらしく、不用意に移動させようものならすぐに部屋の風景が変わったことに気がつかれてしまう。彼にとってそれらの物はあるバランスのなかで均衡がとれた状態なのだ。確かに、僕らから見てもそれはなんだかかっこよくて居心地が良い。

美しいかと問われれば、少なくともいままでの価値観ではそうではないだろう。これまではシンプルでコントロールされ、いわゆる片付いている状態、それが美しい家だった。この家の美しさはその真逆。ノイズに溢れ、アンバランスだけど物同士が共鳴しあってポリフォニックに存在しているような状態にある。

それとは真逆に、家から生活の記号を一切取り除きたいという欲求を突き詰めてできた「生活を削ぎ落とした家」（P58）は、矛盾そのもの。しかし、本人にとっては切実なものだった。家に自分を合わせるのではなくて、自分に家を合わせること、それは当たり前の行為のはずなのだが、家への常識がそれを縛っていた。長年、家の常識と自分の美学とのギャップのなかで、違和感を感じて生きてきた。しかし、自らの欲求に素直に、家を直し始めたことで、初めて抑圧から解放されている。そのためには、自ら手を動かすしかなかったわけだが、それにより新たな生き方を手に入れているようにも見える。

家が生き方を導く

家は購入するものではなく、自らつくるものへと再び還っていくのかもしれない。それに気がついてしまったことで、人生が解放されることもある。

軽トラックの荷台に載った「移動できる移動しない家」（P108）は、家というより大きな荷物。予期せず自分の家を自らつくることになってしまったわけだが、製作の期間で作者に気づきが訪れる。

「つくるプロセス自体が、人生にとって大切なことを問い直すことになった」

そこから、いまの生活や仕事が導き出されている。

家を自らつくる時間は、自分は何に囲まれて生きていたいかを問い続けることに繋がるようだ。それは家そのものを超えて、人生において何が大切かを改めて問い直すことになる。

「引き継いだ家」（P90）は昭和を代表する建築家、吉村順三の家に理想の暮らし方のイメージを見た。偶然その建築家が設計した家に巡りあい、手に入れ、それに馴染んでいくこと自体が、理想の自分の暮らしを見出すプロセスにもなっている。「生活を削ぎ落とした家」とは逆に、家の持つ美学に自分を当てはめていくことで、家が自分を律してくれる存在にもなりうる。それもまた創造的な生き方だ。

家は自己肯定の場

まるで防御のためのカモフラージュのような家が「撮影スタジオな家」（P124）だ。ちなみに僕は、このタイプかもしれない。頭の中に存在する自分の理想の家と、実際に自分が落ち着くリアルな家とのギャップがある場合、家の中にフィクションを持ち込むことでバランスをとっている。撮影スタジオとしてスタイリッシュにセットアップされたリビングとダイニング。実際にここでも暮らしてはいるが、奥の扉を開くと、そこにはあまりに普通で、なんの変哲もない男の部屋がある。彼にとって、暮らしの一部分をスタジオとして不特定多数の他者にさらし、その対価としてお金を受け取るのは、普段は見せていないかっこよさに対する言い訳かテレ隠しのようにも見える。

しかし、その両方が自分であり、その表裏によって自己のバランスが保たれているのだと思う。二律背反する自分の写し鏡として、この家が存在する。それもまた、家に対して誠実な態度のように思えた。

自ら選択する幸せのあり方

取材のなかでも強く印象に残る風景があった。

それは「自給自足な家」での出来事。家自体はまだつくりかけで、まるで工事現場にいるようだ。シャワールームも室内なのか外なのかわからないような状態で清潔とは言えない。そんな家の中、小さな食卓に向かい合って座り、談笑する夫婦の姿が美しかった。彼らはいま、本当に幸せなんだと思う。

その瞬間、いつの間にか幸せが相対的なものになってしまっていたのではないかということに気がつき、心が揺れ動いた。

彼らは自分たちにとって大切なことを見つめ、それにプライオリティをつけ、いま、この瞬間に自分たちが手に入れるべきものはなんなのかを考え、率直に行動に移した。淡々と、しかし自信を持って選択した暮らし。その先にある幸せな風景がそこに存在していた。

当たり前のことなのだが、僕らにはそれができているだろうか。

僕たちはこれからも、新たな「マイホーム」をつくろうとする冒険者たちと出会うことを楽しみにしながら、伴走していきたい。

おわりに

役に立つ本はつくらない。この本は、そんな気持ちでつくった本である。もちろん、不要な本という意味ではなく、ハウツー本のように、明確な答えが用意され、それにあわせてつくれば理想の家ができる、そんな本をつくることはやめようと思っていた。それは、用意された答えのなかには、決して「マイホーム」は存在しえないと思っているからだ。

2020年8月現在。必要に駆られてだが、人の生活は大きく変わろうとしている。リモートワークや、テクノロジーを用いたコミュニケーション。家にいる時間が劇的に増え、住空間の重要性に誰もが気付き始めている。場所に捉われることがなくなり、都会から地方に移る人も増えるだろう。また、いままでは親しい友人くらいにしか見せることがなかった家もオープンな場になっていく。そんな環境の変化によって、家の選択肢は広がるだろう。だからこそ、正しい選択をするために「自分の家」にしっかり向き合うことが大事になると考える。自分が本当に住みたい家の答えは、自分のなかにしかない。

２０１０年に始まったtoolboxは、今年でちょうど10周年を迎える。始めたばかりの頃は、一般的には手に入れづらかった建材をストーリーとともに紹介、販売することで、家づくりに協力したいと考えていた。今後もその活動が中心にあることに変わりはないが、10年たち、サイトに訪れる人は、材料を買う前に、どんな家にしたいかのヒントも探しに来てくれるようになった。

それらの変化が生まれた要因として大きいのは、事例集として紹介している、商品を取り入れてくれたお客さんの家の写真たちだ。「自分が家づくりをするときに参考になったので、私の写真も誰かの役に立てれば嬉しい」。そんなふうに毎日のように写真が届く。ただの建材屋としてではなく、ただの客と店という関係でもなく、一緒に住空間を楽しく豊かにしていこうとする、そんなたくさんの仲間の存在が、いまのtoolboxをつくり上げている。

私たちは、貰った以上のものを返していけるよう、これからも、家づくりをする人を応援していきたいと思う。

この本やtoolboxの存在が、誰かの家づくりを変えるきっかけになれば嬉しい。

２０２０年８月１日　toolbox

toolbox
アイテムカタログ

家づくりに必要な素材やパーツを
ラインアップするウェブショップ「toolbox」。
こだわりを商品記事に載せて
マイホームの実現を盛り上げてきました。
そのなかでもとくに妄想が広がるアイテムをピックアップします。

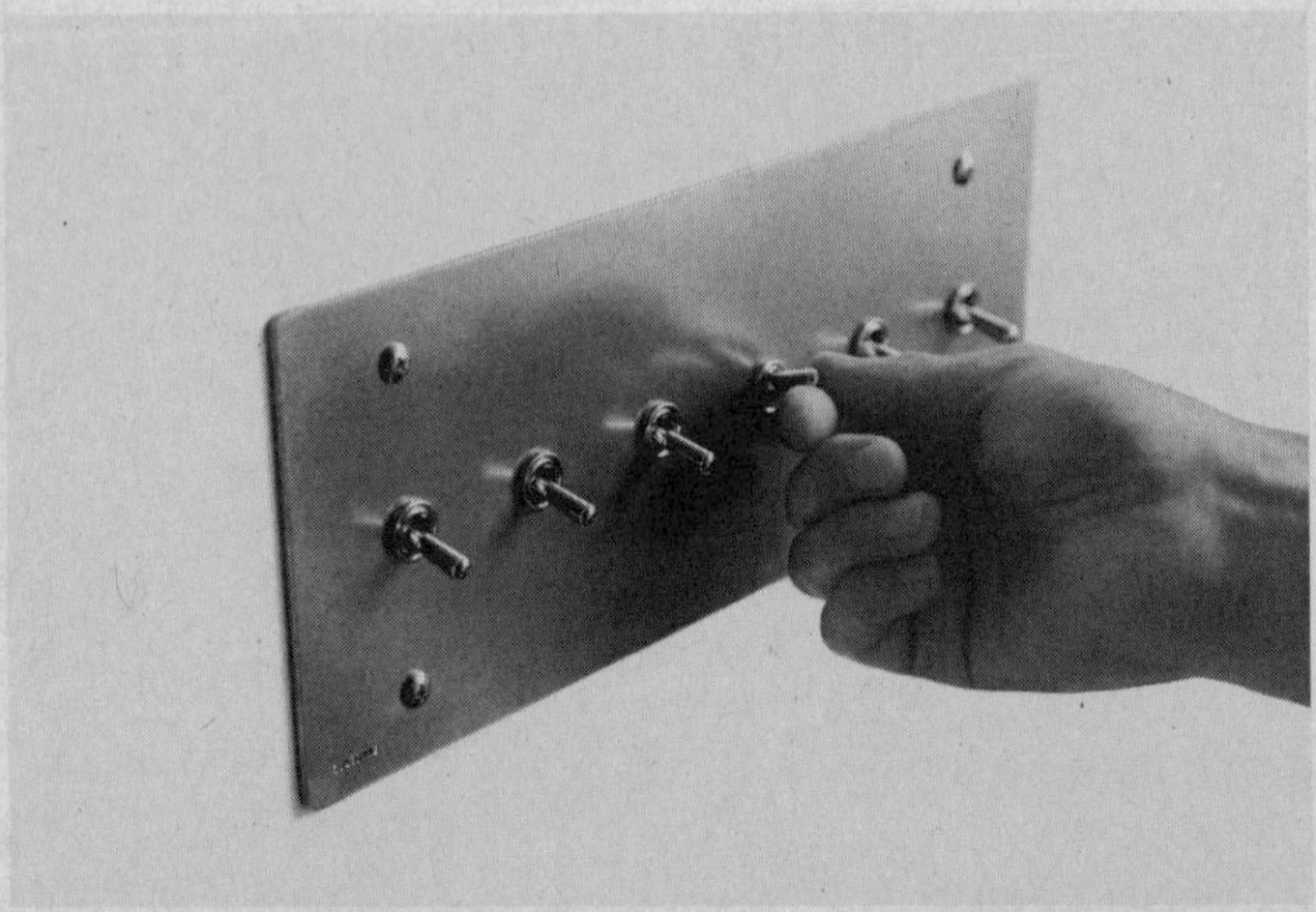

カベにメカあり

- トグルスイッチ

飛行機のコックピットや船の操縦室、映画やマンガのなかでしかお目にかかれない憧れのメカ……、トグルスイッチ。

工業機器の操作に使われるこのメカを、家庭用スイッチとして使えるように設計。ON・OFFを切り替える際のパチッとした確かな手応えが、普段何気なく行っている「電気をつける」という行為を特別な瞬間に変えてくれます。プレートは、職人が一枚一枚つくります。工業製品にはない、手仕事ゆえのゆらぎと風合いが、冷たい金属の表情に温かみを与え、使うほどに味わいが深まり、存在感を放ちます。

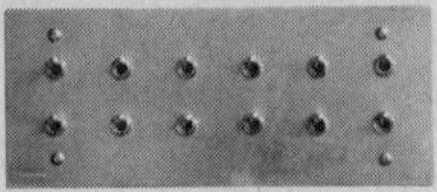

スイッチ1個タイプ　　スイッチ12個タイプ

鈍い光沢がインダストリアルな雰囲気を放つアルミのプレートは、スイッチの操作時に心地良く音が響くよう、厚さ3mmの一枚板から削り出して製作。スイッチ1個から12個まで展開。

敷くだけのフローリング革命

- イージーロックフローリング

床が変わると部屋の雰囲気は大きく変わります。「いまの床が気に入らない。でも工事をするのは……」という空間でも、手軽に好みの床を手に入れられるようにと考え出されたのが、このフローリング。可能なかぎり木の反りを抑えた構造と、「サネ」と呼ばれるジョイント部分に施した特殊な加工により、ボンドも釘も使わずに置くだけで施工ができます。貼っていないので既存の床を傷つけることがなく、サネを外して解体すれば別の場所でリユースすることも可能。敷き詰めただけとは思えないほど本格的に仕上がります。

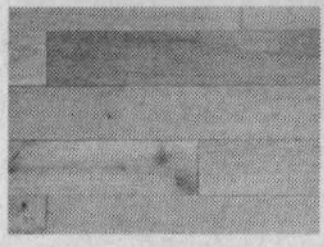

無塗装品

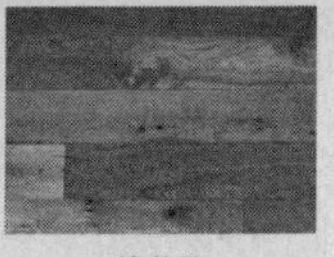

塗装品

表面は2mm厚のしっかりしたオークの天然木を使用し、仕上げは塗装品と無塗装品の2種類を用意。塗装品は耐久性に優れたUVウレタン塗装を施し、無塗装品は部屋に合わせた着色が可能。

天板から始めるキッチンづくり

- オーダーキッチン天板

オリジナルキッチンづくりのために生まれたキッチン天板。

キッチンから独立して販売される「天板」はサイズオーダーが可能で、自由な発想を促します。下部に収納キャビネットを造作しても良し、木や金物でつくったフレーム脚に載せても良し。壁付けブラケットで天板単体を壁に浮かべるようにすることも可能です。

シンクが付いた天板と水栓とコンロさえあれば、「キッチン」は成立します。そこに自分ならではのアイデアをプラスして、こだわりのキッチンづくりを楽しみましょう。

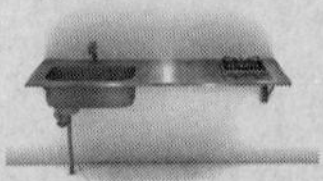

コンロ&シンク付きタイプ

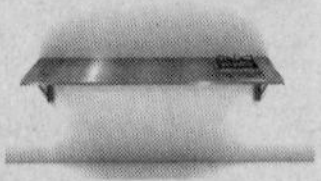

コンロのみタイプ

幅も奥行きも1cm単位で指定が可能。奥行きが90cmもあるキッチンや、幅3mの細長いキッチンなど、オリジナルならではの大胆なオーダーもできる。コンロもシンクもない天板のみも展開。

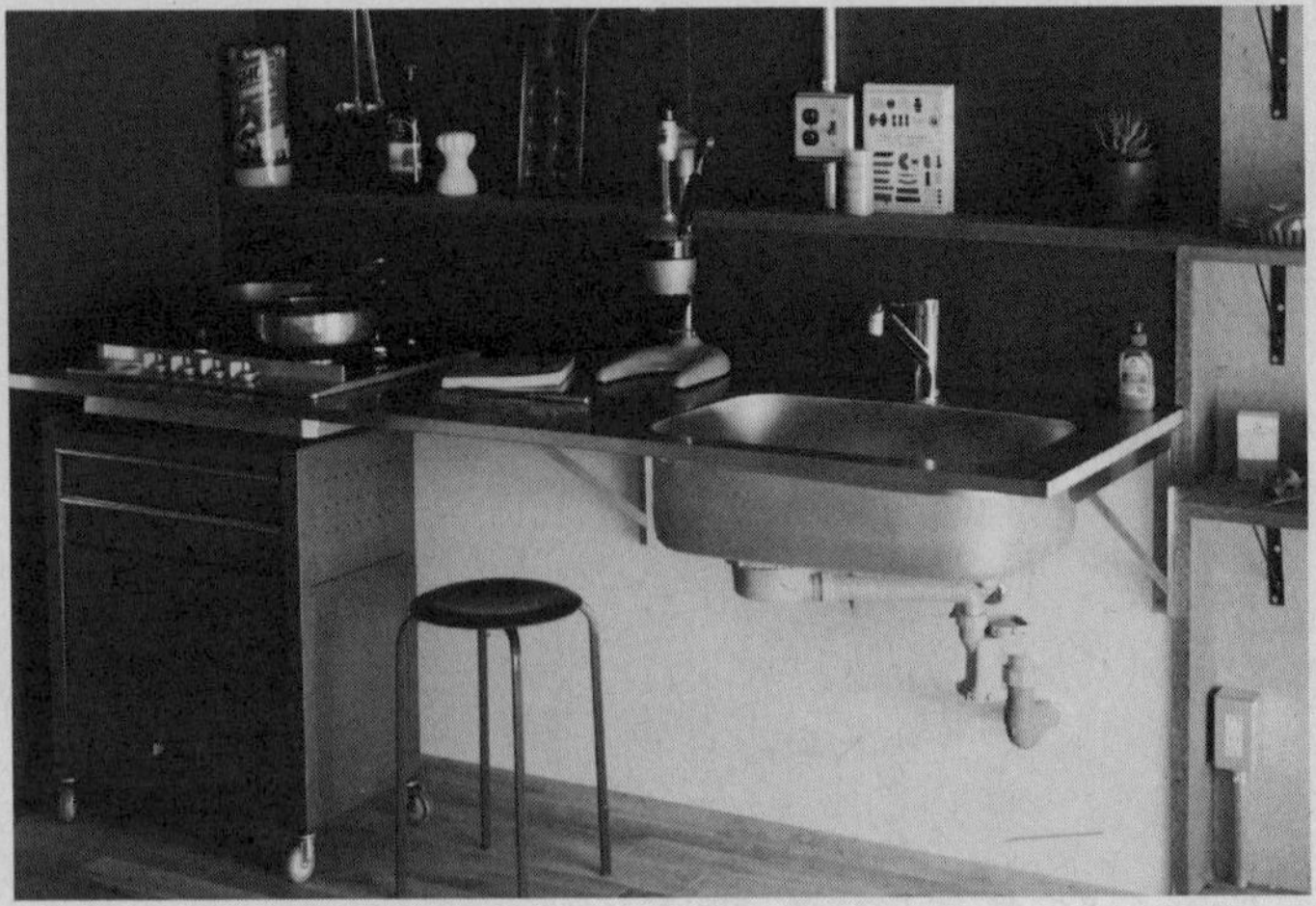

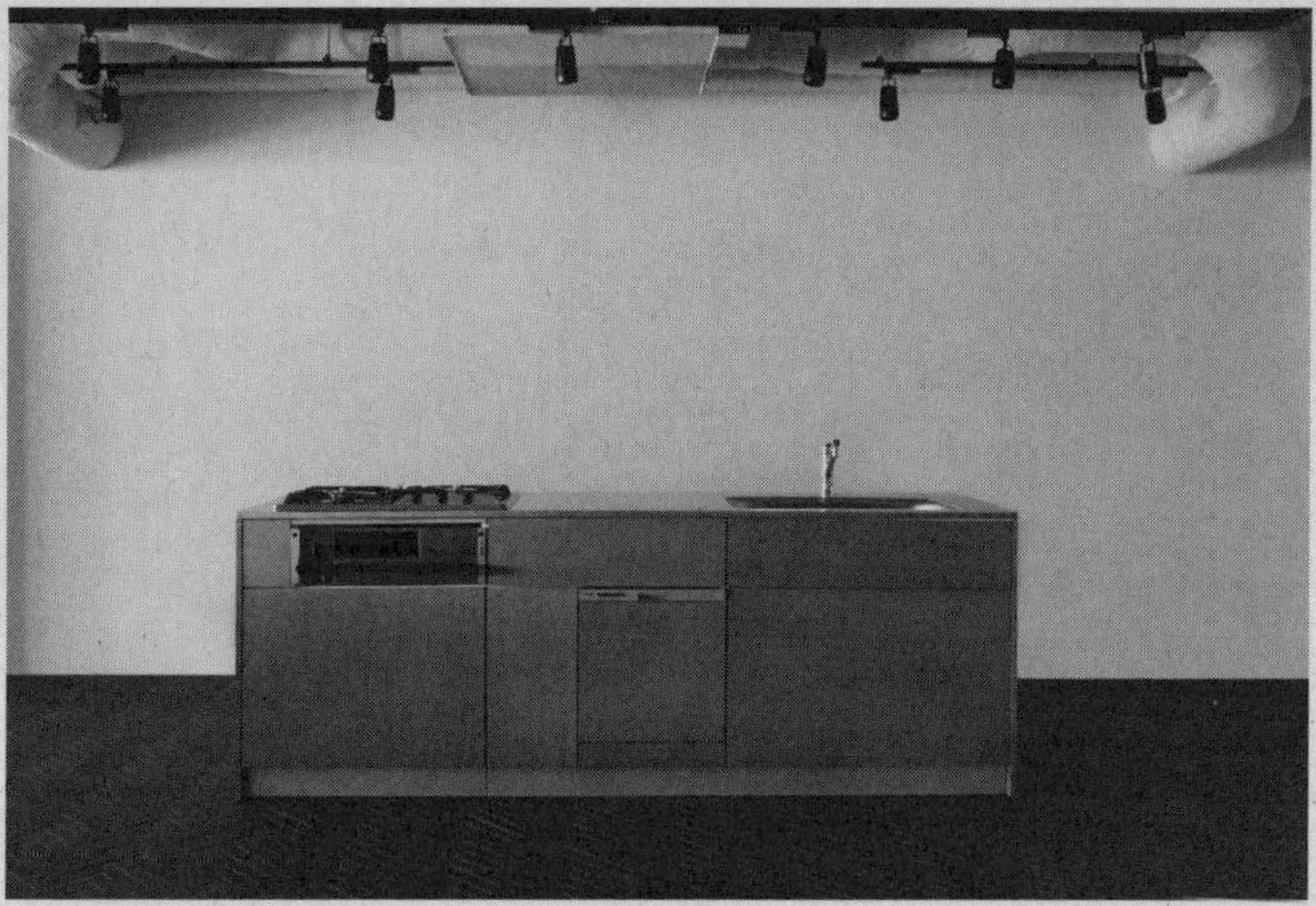

可能性を秘めた箱

- キッチンベース

「見た目」を自由にカスタマイズできる、「完成一歩手前」のシステムキッチン。システムキッチンを工場で製造する際、化粧合板などの面材に交換される前に取り付ける、MDF面材のままの仕様。到着後、好きな面材や取っ手を付けて完成してもらう、オリジナルキッチンづくりの新しい提案です。

古材の面材にしてみたり、框付きのデザインにしてみたり、カラフルにペイントした面材に取り替えるのも良し。背面カウンターと仕上げを揃えるなんてことも。システムキッチンの機能はそのままに、憧れのイメージが実現できます。

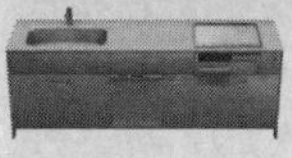

食洗機タイプ

スタンダードタイプ

天板は傷が目立ちにくいステンレスバイブレーション仕上げ、シンクはゆったりサイズ、引き出しはソフトクローズ機能付き。「面材」以外はきっちり機能を備えたシステムキッチン。

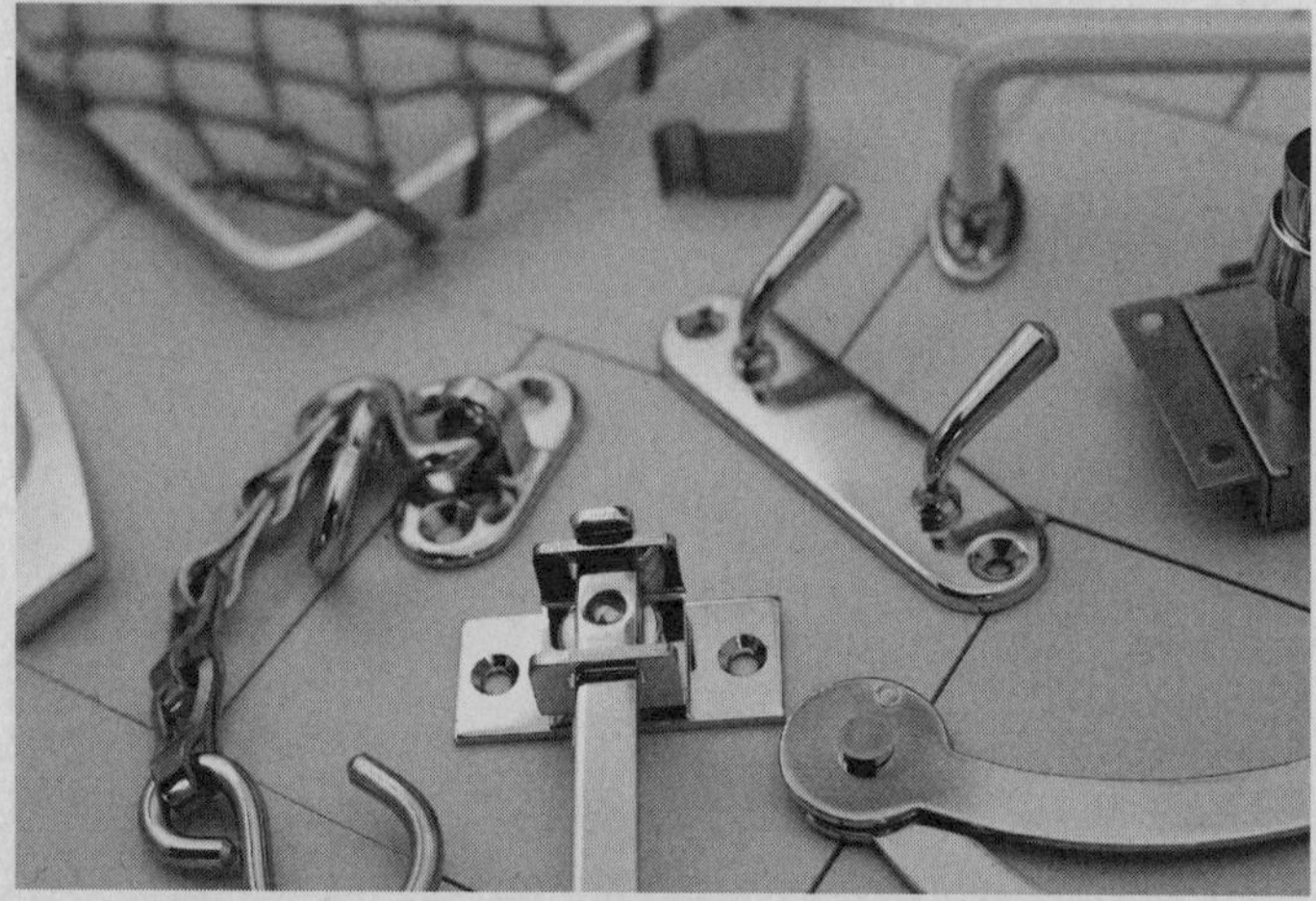

まだ何者でもない何か

- 船舶ハードウェア

半世紀以上、船舶向けにつくられ続けている業務用金物から、「何か」に使えそうなパーツを集めました。

一見、住宅向け金物と変わらないように見えますが、本来使われているのはつねに潮風に晒されている海の上。実際に手でふれるとわかる、重みと小気味良い操作性。海上という特殊な環境のもと独自に進化した機能や、メンテナンス性への考慮から生まれた構造は、それらがそのままデザインになっています。どれも船での本来の用途があるからこそ、可能性は無限大。家の中に自由な発想で取り入れてみてください。

スカットルハンガー

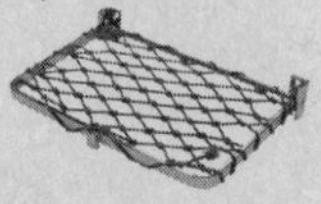

ネットラック

塩分による腐食を避けるために、パーツを構成する素材の多くが真鍮とステンレスでできている。「詰まっている感」のある重みからも、その成り立ちを想起させてくれる。

業務用は自分用

- ワンタッチドアハンドル

「業務用」と謳われる、機能に特化した無骨さが魅力のプロダクト。日常生活で使うにはオーバースペックだったり、場違いだったりしますが、その機能美に魅力を感じ、インテリアに取り入れる方も増えています。

このドアハンドルはもともと、主に病院や研究施設などで使われることを想定してつくられたもの。ハンドルを「押す・引く」だけで開閉ができ、荷物で手がふさがってドアが開けられないときも、腕で押したり引いたりして操作ができます。普段とは違うドアの操作感を楽しめるアイテムです。

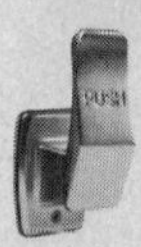

ワイド

スリム

レバー部分は、溶かしたアルミニウムを型に流し込んでつくられた鋳物で、ふれたときに、金属ならではのずっしりした素材感が伝わる。ドアにインダストリアルな雰囲気をもたらすアイテム。

侘び錆びを貼る

- 鉄錆シート

鋳（さび）が持っている独特のザラついた表面、変化に富んだ色合いからは、積み重ねた時間の重みが感じられます。そんな鉄錆をそのままシート状にしたのがこの鉄錆シート。無垢の金属は固くて重さがありますが、このシートは薄いのでハサミやカッターで簡単に切ることができます。また、裏面には粘着剤が付いているので、ローラーで圧着して貼るだけ。曲面に対しても熱すれば貼ることができます。

本物の金属であるが故に、次第に錆が進行して表情が変化することも楽しめる、生きた素材です。

鉄錆 焦茶

緑青 少なめ

人の手によって一枚一枚、本物の金属を吹き付けて製造される。そのため、風合いの差や様々な模様が自然と生まれ、そのムラが錆のリアリティをさらに高めている。

発光するクラフトサイン

- ネオンサイン

ネオンと聞くと、華やかな歓楽街、ビルの屋上などにある企業看板といった、前時代的なイメージを抱くかもしれませんが、近年、店舗はもちろん、オフィスなどでも再び注目されています。ネオンガスによる柔らかな光には、どこか人を誘う力があるのでしょう。

そんなネオン管をもっと気軽に取り入れることができる、ネオンサインの製作サービスです。室内での使用もでき、文字だけでなく、矢印やラインといった空間のアクセントとしての使い方も。思い切って住宅に使うのも面白いかもしれません。

製作サービス

製作はすべて、熟練の職人による手作業。1本のネオン管を文字や形にする曲げ加工は繊細なガラス細工そのもの。ガラス管をバーナーで炙り、ゴムホースを通して息を吹き込みながら曲げている。

ウェブサイト

www.r-toolbox.jp
Instagram：@r_toolbox

ストア

自分らしい空間をつくるための、内装建材や家具パーツ、住宅設備の販売を行っています。オリジナル商品やこだわりのセレクト品、施工サービスも展開。愛着を育みながら、長く付き合っていける商品づくりを心がけています。

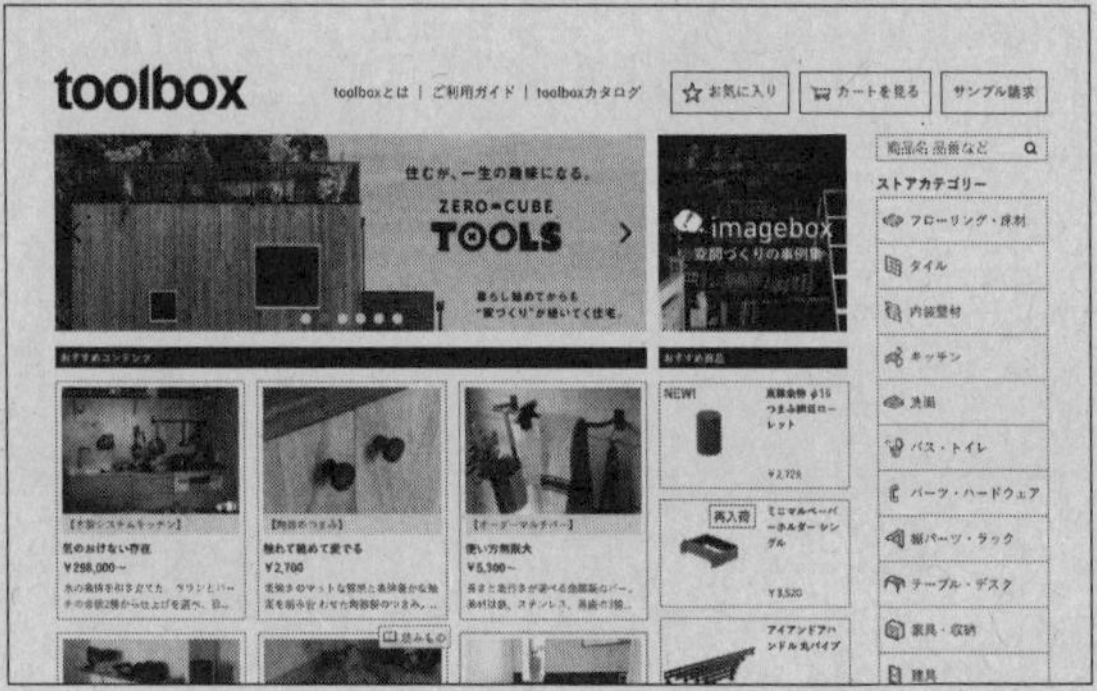

読みもの

商品の販売やサービスの提供以外に、空間づくりのアイデアやイメージを膨らませるためのコンテンツを用意。本書でインタビューした、「マイホームをつくり上げた人」の記事も、サイト上で更新しています。

imagebox

空間づくりのアイデア集

住居や店舗、オフィスなどの豊富な事例を、設計の工夫、使っている素材、つくり手、施工の技などについての情報を添えて紹介。

事例 Pin-up

商品の使用事例紹介

toolboxの商品を導入したお客様からいただいた、様々な事例写真を紹介。商品を検討する際の参考に。

How to make
～つくってみました～

商品の施工ノウハウ

DIYからプロの技まで、toolboxの商品を使った施工ノウハウを紹介。必要な道具、所要時間、スタッフの体験談などを掲載。

カタログ

「家づくりは妄想から」をテーマに、商品紹介だけでなく、妄想を実際にかたちにした家づくりの実例や職人による商品製作の様子も紹介しています。ウェブサイトから誰でも請求可能です。

請求フォーム | www.r-toolbox.jp/catalog/
ショールームでも無料配布中

ショールーム

理想の空間を現実にするための素材とアイデアを揃えたショールーム。約1000点を展示しています。商品を直接手にとることができるほか、空間づくりの仕組みを知り、着想を得るための仕掛けも用意。

所在地 | 東京都新宿区下落合3-14-16
営業時間 | 火〜土曜 13時〜17時
(日・月曜・祝日 定休) ※予約制

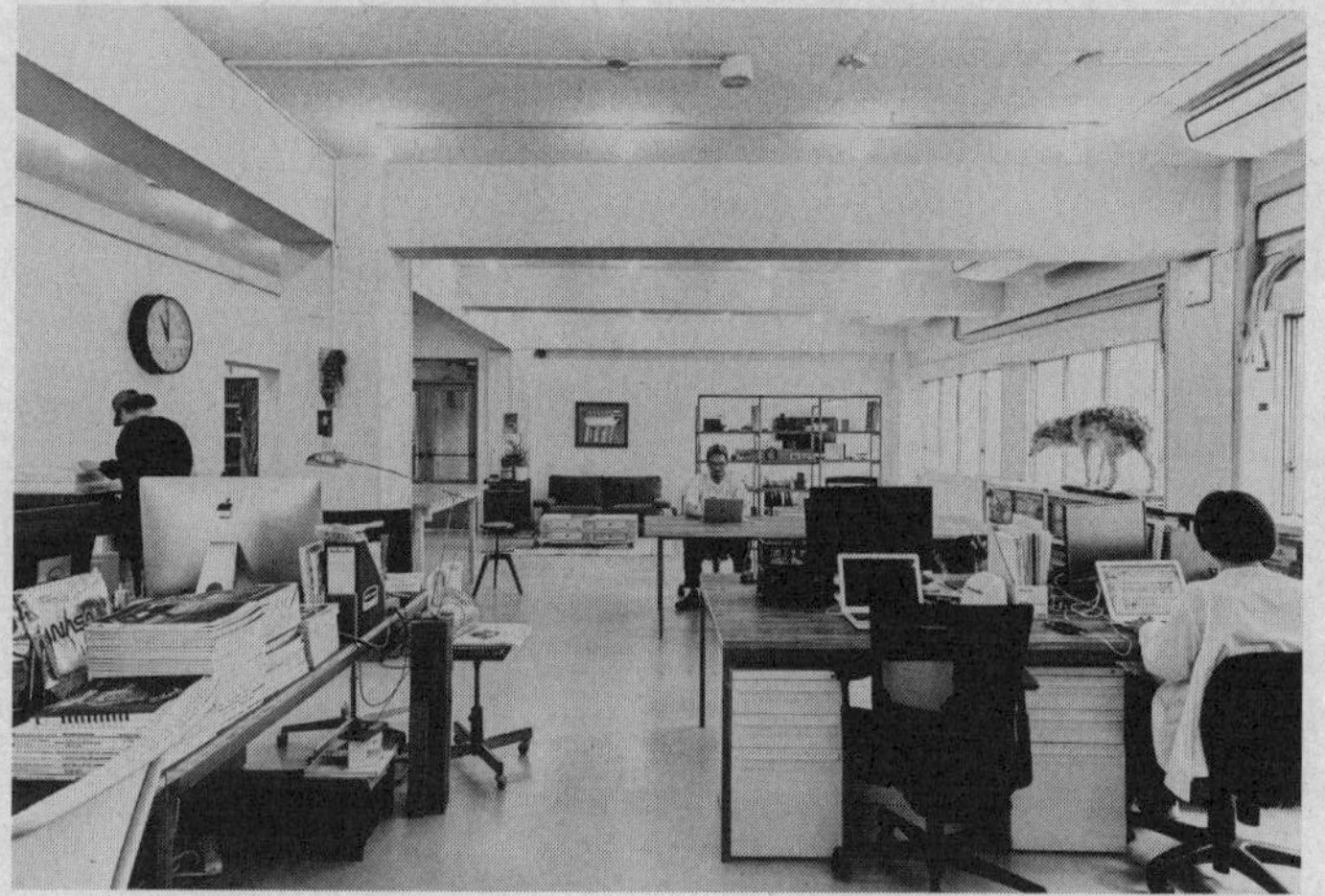

東京・目白にある、toolboxのオフィス。 Photo：Masanori Kaneshita

toolbox

「自分の空間を編集するための"道具箱"」をコンセプトに、2010年にスタートしたウェブショップ。フローリングや建具、キッチンなど、内装建材や住宅設備の販売、リノベーションパッケージの提供を行っている。事例レポートや施工体験コラムなど、読みものコンテンツも多数展開。東京・目白に構えたショールームでは、商品の展示だけでなく、自由な発想を促すさまざまな仕掛けを盛り込み、空間づくりの楽しさを提案している。（詳細p186-187）
https://www.r-toolbox.jp

馬場正尊（ばば・まさとし）

建築家、Open A代表、公共R不動産ディレクター。1968年生まれ。1994年早稲田大学大学院建築学科修了。2003年Open Aを設立。建築設計、都市計画、執筆などを行い、同時期に「東京R不動産」を始める。2015年にウェブメディア「公共R不動産」をスタート。建築の近作として「泊まれる公園 INN THE PARK」（2017年）、「佐賀城内エリアリノベーション」（2018年）など。近著に『PUBLIC DESIGN 新しい公共空間のつくりかた』（学芸出版社、2015）、『公共R不動産のプロジェクトスタディ』（学芸出版社、2018）など。

マイホーム

自分に素直に暮らしをつくる

2020年9月30日　初版第一刷

著者	toolbox（株式会社TOOLBOX）
取材・文	梅川紗季、来生ゆき（toolbox）
編集	荒川公良、梅川紗季、来生ゆき（toolbox） 保田美樹子（美術出版社）
編集協力	石田勇介、佐藤可奈子（toolbox）
アートディレクション	高木裕次（DynamiteBrothersSyndicate）
デザイン	鈴木麻祐子
写真	伊藤徹也（p.15、p.178-187をのぞく）
イラストレーション	オノタツヤ（カバー） 舞木和哉（p.56-57、p.88-89、p.122-123）
校閲	向山美紗子
印刷・製本	シナノ印刷株式会社
発行人	遠山孝之、井上智治
発行	株式会社美術出版社 〒141-8203 東京都品川区上大崎3-1-1 目黒セントラルスクエア5F 03-6809-0318［営業］ 03-6809-0542［編集］ https://www.bijutsu.press 振替 00110-6-323989

© toolbox, 2020　© Bijutsu Shuppan-sha, 2020
禁無断転載　All rights reserved
ISBN 978-4-568-60048-3 C0052　Printed in Japan